ET

« Spiritualités vivantes »

JEAN-MARC VIVENZA

NÂGÂRJUNA ET LA DOCTRINE DE LA VACUITÉ

Albin Michel

Albin Michel
▪ *Spiritualités* ▪

Collection « Spiritualités vivantes »
dirigée par Jean Mouttapa et Marc de Smedt

« Si tout cela est vide, l'apparition et la destruction n'existent pas... »

Nâgârjuna,
Mâdhyamaka-kârikâ, XXV,1

« L'extinction des vues fausses sur l'être et le non-être est appelée *nirvâna.* »

Nâgârjuna,
« La Précieuse Guirlande », 42

Introduction

La doctrine de la vacuité n'est pas un thème, une notion que l'on puisse ranger facilement au milieu des conceptions théoriques diverses qui croisent les rivages de la réflexion métaphysique. La pensée de Nâgârjuna, dans sa souveraine et fascinante dialectique négative, est de nature à bouleverser les schémas classiques et souvent simplistes à l'aide desquels nous voudrions plier le monde à notre vision. Nâgârjuna est incontestablement un maître de l'esprit, une figure majeure parmi les figures de la pensée universelle. Disciple fidèle de l'enseignement du Bouddha, dans les pas duquel, précisons-le, il voulut scrupuleusement et concrètement placer les siens, il a contribué, plus qu'aucun autre, à rendre de nouveau sensible la portée authentique du message de l'Eveillé. Il tenta, sans aucun doute de manière incomparable, de redonner une juste compréhension de la Voie qui conduit à l'Eveil.

Certes, son langage, son discours, sa technique argumentaire sont parfois ardus et d'un accès difficile, la technicité de sa méthode analytique peut elle-même créer comme un écran, un frein à la pleine compréhension de son message. Mais ces obstacles dépassés, lorsqu'on est peu à peu acclimaté à la phraséologie nâgârjunienne, on découvre une réflexion d'une immense et inépuisable profondeur. Une pensée d'une richesse extraordinaire qui est de nature à nourrir un authentique questionnement métaphysique, et parallèlement comme complémentairement, mais aussi inévitablement, une véritable pénétration de la Voie de l'Eveil elle-même.

La doctrine de la vacuité, grâce à la rare plasticité formelle de sa dialectique, se permet, sans aucune crainte, de dénouer avec aisance et habileté l'ensemble des problèmes que la raison ne manque pas de légitimement se poser. Cependant, loin de fournir des réponses stéréotypées et finalement incomplètes car limitées, sources constantes de crises et de déchirements multiples et nombreux, la pensée nâgârjunienne introduit directement dans une perspective libératrice incomparable. Bien sûr, sa radicale originalité peut surprendre, mais c'est l'enseignement même du prince Gautama qui se dresse derrière les théorèmes de Nâgârjuna. En effet, Nâgârjuna est un révélateur de la dimension réelle du message transmis par le Bouddha, il ne se voulut pas un innovateur, mais uniquement canal de restitution de l'essence exacte de la Doctrine de l'Eveillé ; cela explique sans doute qu'il soit aujourd'hui reconnu comme maître fondamental par l'ensemble des branches Mahâyâna du bouddhisme : les écoles tibétaines Kagyüpa, Sakyapa, Nyingmapa, Gelugpa, l'école tantrique (Vajrayâna) et les écoles chinoises et japonaises Tendai, Shingon, Ch'an et Zen.

Pour Nâgârjuna, se pencher sur la question du sens du message du Bouddha était une nécessité qui relevait quasiment d'un impératif doctrinal. Rendre de nouveau perceptible le caractère exact des paroles prononcées sous l'arbre de l'Illumination était une mission qui ne pouvait faire l'objet d'un doute. L'importance d'une juste perception du souverain discours libérateur commandait, prioritairement, toute action d'approfondissement de la Voie qui conduit à l'Eveil. Tel est le sens du travail théorique de Nâgârjuna, telle est l'origine de sa doctrine de la vacuité. Bien entendu, et on le remarque sans peine, l'enseignement de Nâgârjuna n'est pas détachable, isolable d'un contexte religieux spécifique, d'une tradition spirituelle bien précise, qui joueront un rôle éminemment important, tant dans sa formation que dans l'expression de son discours. Mais il ne serait pas juste, il ne serait pas objectif de ne pas reconnaître, de ne pas percevoir la portée d'une telle pensée, portée dont la validité ne s'arrête pas aux frontières du seul bouddhisme, mais déborde très largement sur les larges domaines de la pensée philosophique universelle. La doctrine de la vacuité n'a pas de sphère de validité limitée, un territoire réservé à l'intérieur duquel sa pertinence s'exercerait ; même si, bien évidemment, son ancrage historique n'est pas niable, si sa pertinence pratique semble difficilement extirpable des véhicules propres du bouddhisme Mahâyâna, elle s'applique néanmoins très largement à tous les domaines de la pensée, sans se cantonner aux frontières culturelles et spirituelles, aujourd'hui parfois plus fictives que réelles, de l'Orient.

La vacuité, vide de contenu, vide de tout concept, présente la caractéristique spécifique d'être vide d'elle-même. Dépourvue de détermination, elle ne peut, par là même, faire l'objet d'une appropriation objectifiante puisque étrangère à toute position fixe. La vacuité ne se laisse donc pas posséder, elle ne peut faire l'objet d'une conquête, elle échappe à toute volonté limitative ; vide de spécificité, si ce n'est celle de ne pas en posséder une, elle ne se donne que dans son abolition ; vide d'elle-même, aucune réalité ne lui est étrangère. Si, d'autre part, elle ne peut pas être l'objet purement livresque d'une spéculation théorique abstraite, c'est que la doctrine nâgârjunienne de la vacuité est, avant toute chose, une formidable entreprise de libération, la mise en œuvre d'un processus réel de compréhension de la nature véritable du concret. Ce concret fit d'ailleurs l'objet d'une étude très serrée de la part de Nâgârjuna. En effet, attentif aux multiples aspects contradictoires du réel, il développa sa doctrine avec un souci vigilant de comprendre les mécanismes complexes de la mouvante réalité phénoménale. Il n'est pour cela qu'à se pencher sur les questions qu'il aborde dans sa réflexion : analyse des conditions et de la causalité, analyse du mouvement, analyse des facultés de l'entendement, analyse des éléments, analyse de l'agir et de l'agent, analyse du temps, etc. La liste est longue des domaines étudiés par le penseur indien, elle l'est d'autant plus que sa vigilance, visant à ne pas laisser voilé le moindre aspect de l'être, l'amènera à étendre toujours plus avant sa recherche. L'élément clé de sa réflexion, qui introduit la totalité de son discours, est, bien évidemment, la notion de production condition-née (*pratîtya-samutpâda*), mais l'énorme champ d'ac-tion de cette notion oblige Nâgârjuna à embrasser de nombreux problèmes, qui se trouvent être en dépen-dance directe de cette notion première. Ceci a pour effet de mettre en lumière les mécanismes complexes qui fondent secrètement la réalité et, de par cet éclai-rage, permettre une connaissance plus fine, plus pro-fonde des lois existentielles. Permettre également une saisie très claire de l'impermanence qui dirige l'être, le commande et le soumet à son impérative loi. Comprendre enfin que le fond de la question n'est rien d'autre que l'absolue identité entre *nirvâna* et *samsâra* ; qu'il n'y a jamais eu un temps où le parfait Eveil ne fût déjà accompli, que depuis toujours tout est apaisé, complètement réalisé.

Nous le percevons aisément, les perspectives ouver-tes par Nâgârjuna sont extraordinairement riches et profondes ; de ce fait, l'actualité de sa pensée reste éminemment pertinente, au moment d'ailleurs où s'imposent les problèmes aigus d'un monde enfermé dans ses raisonnements quantitatifs et positifs, où est plus que jamais nécessaire une attitude renouvelée vis-à-vis de l'existence. De ce point de vue, la réflexion nâgârjunienne possède d'évidentes qualités ; parmi celles-ci, la plus frappante est certainement le carac-tère libérateur de sa méthode. L'approche amicale du vide, à laquelle nous invite le maître indien, peut, bien entendu et naturellement, surprendre, en réalité elle ouvre un nouvel horizon aux dimensions insoup-

çonnables. Dans un premier temps, plus on intègre
la métaphysique nâgârjunienne, plus se crée une véritable et chaleureuse intimité entre celui qui s'y risque
et la vacuité elle-même, puis, insensiblement, la théorie se fait transparente jusqu'à disparaître, jusqu'à s'ef-
facer et enfin devenir comme n'étant pas. Mystère
incompréhensible de l'invisible détachement du
sûnyatâ (vide) ; doctrine du vide vide d'elle-même,
absente de sa présence, existante dans son inexistence.

On peut l'affirmer sans crainte, Nâgârjuna se propose rien de moins que d'offrir la possibilité d'un
nouveau rapport à l'être, non par une ontologie particulière, mais par l'auto-abolition de l'ontologie
commune, non par une ontologie négative, mais par
la négation de toute ontologie possible. Pensée vide
du vide, la doctrine de la vacuité est une pensée de
l'au-delà de l'être et du non-être. Une pensée souveraine de la nescience, une science libératrice de la
« non-pensée ».

En proclamant que tout ce qui existe est vide
d'identité, Nâgârjuna, de par une logique de l'enchaînement extrêmement pertinente, rend évidente la
caducité des contradictoires traditionnels, des antinomies classiques (oui/non, lumière/ténèbres, *nirvâna/
sâmsara*, etc.). Cette attitude débouche sur une
compréhension plus fine, plus rigoureuse de la dialectique des opposés et, de ce fait, permet une véritable
révélation de la nature sans nature propre des phénomènes, une perception précise de l'absence de substance de toute chose, de la non-substance universelle.
Non une pensée du rien, mais une « non-pensée ». La

vacuité, insistons sur ce point, n'est pas une rhétorique réifiée du néant, elle n'est pas une stérile glose sur le vide. Bien au contraire, vide de tout concept, elle ne s'attache à aucun point de vue au sujet de ce qui ne se pense pas, rejetant toute conception particulière elle n'en possède aucune. Pensée sans pensée, le *sûnyatâvadâ* est une pratique concrète du non-attachement, une discipline effective de la mise à distance, une ascèse de l'auto-abolition, une pensée de la non-pensée, une pensée « du tréfonds de la non-pensée », selon la célèbre expression de Dôgen Zenji.

Rendre perceptible l'imperceptible vérité, comprendre que tout échappe à la compréhension, c'est là le sens réel de la Voie du Milieu ; Voie au contenu invisible car situé nulle part. Le signe de la vacuité, qui n'a pas de localisation particulière, agit comme une dialectique perpétuelle de la négation ; son mouvement ne connaît pas de terme car il n'a jamais commencé ; n'ayant jamais commencé, il n'est jamais apparu ; n'étant jamais apparu, il fut toujours présent ; étant toujours présent, il est et demeure non visible ; invisible dans sa visibilité, il a son séjour dans le Parfait Silence.

Si la Voie du Milieu a pu être parfois qualifiée de Voie extrême, c'est qu'en réalité elle est une Voie de l'extrême vérité.

PREMIÈRE PARTIE

La pensée de Nâgârjuna

1.

Contexte et perspective
de la pensée de Nâgârjuna

I. *Nâgârjuna : sa place dans l'histoire*

Nâgârjuna, moine bouddhiste du IIe-IIIe siècle originaire de l'Inde, est célèbre pour être le fondateur de l'école philosophique dite du « Milieu ». Sa vie, dont nous ne savons en réalité que peu de chose, nous est rapportée par un important corpus littéraire historique, elle est, bien évidemment, mêlée de légendes et de mythes d'une richesse caractéristique des hagiographies religieuses traditionnelles[1]. Selon ces sources, Nâgârjuna tiendrait son nom de *Nâga*, qui signifie serpent, et d'*Arjuna*, une variété d'arbre, ce qui, symboliquement, indiquerait qu'il serait né sous un arbre et que des serpents fussent les instruments de la transmission de sa science et de son savoir. Ayant un jour guéri Mucilinda, le roi des Nâga, ces derniers, en remerciement, lui remirent, dit la tradition, les cent mille vers du *Prajnâpâramitâ-sûtra*. On dit également que dans le palais des Nâga, Nâgârjuna découvrit sept coffres précieux contenant de très nombreux

Mahâyânasûtra. En quatre-vingt-dix jours il mémorisa
les cent mille *gâthâ* qui résument l'essence de la doctrine de la *Prajnâpâramitâ*. En forme de respect vis-
à-vis de son savoir, et de reconnaissance pour son
geste envers leur roi, plus tard, lorsqu'il instruira ses
disciples, les mêmes Nâga feront de leurs corps une
sorte d'ombrelle afin de le protéger des morsures du
soleil et de l'agression des éléments ; ceci expliquant
l'origine des très nombreuses représentations icono-
graphiques nous montrant Nâgârjuna la tête nimbée
de sa protection reptilienne caractéristique.

Il semble, plus concrètement, qu'il soit originaire
du Vidarbha, qui était alors partie intégrante du
royaume d'Andhra, sur lequel régnait la dynastie
indienne du Dekkan, dont les rois, qui contrôlaient
toute la partie sud-est de l'Inde, étaient de fervents
adeptes du bouddhisme. On dit qu'il fut l'élève d'un
brâhmane nommé Râhulabhadra, auteur d'un *Prajnâpâramitâ-sûtra* qui figure en tête de très nombreux
manuscrits sanskrits. Parmi les nombreux écrits[2] que
nous possédons de Nâgârjuna, sont à signaler bien sûr
et en premier lieu son fameux *Mâdhyamaka-kârikâ*
(Traité du Milieu), mais aussi le *Suhrllekhâ* (Lettre
à un ami), le *Rajaparikatha-ratnamala* (La Précieuse
Guirlande des avis au roi) ainsi que le *Vigrahavyâvartinî* (Refus d'un débat philosophique), ce dernier
ouvrage se présentant comme une véritable méthode
de dialectique argumentaire, en réponse aux attaques
des adversaires de son école de la voie médiane. Il
prit l'ordination monastique du mahâsiddha Saraha à
Nâlandâ, et devint, apparemment en très peu de

temps, l'abbé de l'université. Il est vraisemblable, selon ce que nous en livrent les témoignages, que par l'effet de la protection royale dont il bénéficiait, il ait pu sereinement finir sa vie à Sriorvata dans un monastère. Le rayonnement et l'immense influence de sa pensée lui permettent d'occuper aujourd'hui une place de premier ordre à l'intérieur du bouddhisme Mahâyâna, à tel point d'ailleurs que le bouddhisme tibétain le regarde comme l'un de ses maîtres les plus importants, et que le Ch'an, ainsi que le Zen, le reconnaissent comme le quatorzième patriarche indien dans la succession des maîtres depuis le Bouddha.

Se pencher sur l'œuvre et la pensée de Nâgârjuna, c'est sans conteste découvrir une personnalité de premier ordre, un métaphysicien de grande envergure et un redoutable dialecticien. Esprit brillant, il a le goût de la précision des formules, il cherche sans relâche, lorsqu'il se penche sur un argument, à pousser à son maximum la rigueur analytique et l'examen critique des propositions étudiées. On peut, sans crainte d'exagération, affirmer que le visage du bouddhisme n'aurait certainement pas celui que l'histoire nous présente actuellement, sans l'apport philosophique de la Voie nâgârjunienne du Milieu. Rôle central et moteur, influence capitale dans le développement des thèses fondatrices du Mahâyâna, telle est la place véritable que toutes les écoles, unanimement, lui reconnaissent aujourd'hui. Le souci constant de Nâgârjuna, qui l'habita dans l'ensemble de son œuvre, qui commanda toute sa pensée, fut de maintenir fidèlement la doctrine du Bouddha dans sa pureté primitive, de lui conserver sa force initiale et première. Pour ce faire, il n'eut de cesse de combattre sans relâche, inlassablement, les tendances qui travestissaient la pensée originelle de l'Eveillé.

A son époque, une multitude de courants et d'écoles philosophiques se disputaient sur les sujets les plus divers, ainsi que sur les thèmes classiques du débat métaphysique indien. Bien évidemment, les doctrines dominantes se situaient dans la perspective de la tradition védique et du substantialisme des Upanishad. On y trouvait également les Nyâyika et les adeptes des systèmes logiques qui prônaient une méthode d'investigation rationnelle pour connaître les lois du réel, les créationnistes qui attribuaient l'origine du monde à un Etre premier, Dieu ou *Ishvara*. Les partisans de l'existence du soi ou de l'*âtman*, de l'immortalité de l'âme, du temps (*kâlâ*) de l'éternité du monde, etc. Sans oublier les sceptiques, les matérialistes ou évolutionnistes, qui plaçaient dans la matière ou la nature l'élément unique du mouvement et de la vie. En réalité, c'est l'ensemble des philosophies du Darshana[3] indien qui sera visé par la critique nâgârjunienne, c'est la totalité de l'ontologie brahmanique qui fera l'objet d'une réfutation précise et méthodique.

Toutefois, il serait faux d'imaginer que le travail théorique de Nâgârjuna ne s'adressa qu'aux représentants des divers Darshana du système védique orthodoxe ; en effet, Nâgârjuna n'oublia pas de diriger le faisceau de sa critique en direction des écoles et tendances bouddhiques qui, elles aussi, avaient à la faveur du temps et des circonstances développé des positions philosophiques inacceptables. Positions jugées inacceptables car en contradiction directe avec la conception doctrinale initiale du Bouddha, c'est-à-dire l'affirmation primordiale qui fonde et structure la position primitive du prince Gautama : l'enchaînement causal et l'interdépendance réciproque des phénomènes comme seules et uniques lois de détermination du réel, lois auxquelles est soumis l'univers dans son ensemble.

L'immense effort théorique de la dialectique (*prasanga*) nâgârjunienne est de rendre toute son ampleur à cette loi de la « production conditionnée » (*pratîtyasamutpâda*), formulée pour la première fois dans l'histoire par le Bouddha, loi qui dans la pensée de Nâgârjuna est absolument équivalente à la vacuité (*sûnyata*) elle-même. Il est hors de question pour lui, et il insiste vigoureusement sur ce point, que des disciples de Shâkyamuni puissent se fourvoyer dans des formes insidieuses de restauration des conceptions substantialistes. Ce serait perdre ainsi l'essence du message de l'Eveillé, et compromettre de ce fait toute possibilité de parvenir à la libération (*nirvâna*). C'est donc d'une question cruciale qu'il s'agit dans l'entreprise doctrinale de Nâgârjuna : il en va tout simplement de la possibilité même de mettre en œuvre le processus de délivrance. Or ce processus figure comme « pierre angulaire » de la Voie de la libération, il en légitime même la validité.

La structure argumentaire des Quatre Nobles Vérités ne tiendrait plus, en effet, si la perspective de la
cessation (*nirvâna*) venait à être compromise par une
incompréhension du fondement principal du discours
du Bouddha concernant l'origine de la souffrance
(*dukkha*). Comprendre l'origine, c'est de manière
équivalente comprendre également l'extinction, cela
se tient. L'origine de la souffrance est aussi l'origine
de la libération ; une seule erreur analytique, et c'est
la validité et la possibilité même de la Voie qui se
trouvent remises en question. Nâgârjuna ne lutte
donc pas théoriquement pour le simple plaisir de
manipuler des concepts et des idées, pour s'adonner
aux joies des joutes dialectiques, il est, bien au
contraire, au service de la perspective intime de la
mission du Bouddha : annoncer aux hommes, certes
l'origine, mais aussi, et surtout, la possibilité de la
cessation de la souffrance.

II. *Nâgârjuna et le « Traité du Milieu »*

Nâgârjuna, dans son principal ouvrage, le « Traité
du Milieu » (*Mâdhyamaka-kârikâ / MK*)[4], affirme que
le principe de vacuité (*sûnyatâvâda*) fonde la réalité,
c'est-à-dire qu'il en est la loi la plus essentielle, la plus
intime. Nous verrons cependant plus loin ce qu'il
convient d'entendre, de comprendre, par ce terme de
« vacuité », qui donna lieu, comme on le sait, à une

masse énorme de contresens. L'ouvrage, rédigé dans un style exigeant, se compose de vingt-sept chapitres qui représentent quatre cent quarante-sept stances (*kârikâ*) auxquelles on doit ajouter deux stances dédicatoires à caractère uniquement introductif. Les stances sont structurées comme des distiques classiques, c'est-à-dire qu'elles présentent un ensemble de doubles phrases, formant un sens complet ; le style même du « Traité » d'ailleurs, c'est-à-dire le genre *kârikâ*, relève d'une économie de moyens qui voisine étroitement avec le dépouillement et la volonté d'aller à l'essentiel. Le « Traité » fut l'objet d'un nombre important de commentaires ; on considère cependant qu'à l'intérieur de cette masse impressionnante d'écrits et de documents, quelques auteurs se distinguent par leur valeur analytique ; ces commentateurs majeurs sont : Devasharma, Gunamati, Gunashri, Sthiramati, Buddhapalita, Bhavaviveka et, certainement le plus connu et le plus illustre d'entre eux, Chandrakirti.

Le « Traité », dont l'objectif est de battre en brèche les opinions erronées des penseurs substantialistes et des logiciens brahmaniques, est aussi dirigé, plus précisément encore, contre les Abhidharmika qui, bien que relevant de la doctrine du Bouddha et professant l'absence de réalité du moi, soutenaient néanmoins l'existence effective d'un constitutif formel à la base des phénomènes. En effet il est possible, tout en admettant que les choses et les êtres soient vides d'*âtman*, que nul phénomène ne possède de soi, que la relativité universelle détermine toute forme d'existence, de tomber tête première dans le piège aporétique visant à faire de cette absence de substance, de ce non-soi, de cette non-substance, une essence. Les Abhidharmika en vinrent ainsi à affirmer que, certes, les choses ne possédaient pas d'identité, qu'elles n'étaient rien, mais qu'elles avaient précisément pour essence de posséder en propre ce *rien*, que leur être, leur essence étaient de ne pas avoir de consistance. Face à ce dangereux type d'erreur, Nâgârjuna répondit : « Les choses produites en relation sont vides, non seulement d'*âtman*, mais encore de nature propre (*svabhâva*), de caractère propre (*svalakshana*). Il ne s'agit plus de la vacuité de substance, de l'inexistence de principes permanents (...), mais de l'inexistence, en vérité vraie, du relatif comme tel : ce qui naît de causes ne naît pas en réalité. (...) La logique montre l'irréalité du relatif[5]. »

III. L'absence de nature propre (svabhâva-sûnyatâ)

Ce qui n'a pas de nature propre, ce qui est sans substance, relatif, qui est dépourvu de consistance ontologique, ne possède même pas pour essence cette absence de consistance. Dans la pensée de Nâgârjuna, le vide n'est pas une situation, n'est pas un constitutif formel concret ; à ce qui n'est pas, en toute logique, on ne peut absolument pas attribuer une identité propre. Le vide de nature est l'unique nature du vide, il n'en possède et ne peut en posséder aucune autre.

Toute volonté, imaginant fixer une détermination spécifiante au vide, est une tentative vouée irrémédiablement et radicalement à l'échec et à l'erreur. A ce qui n'est que relatif, dépendant, causé, il ne peut être permis de conférer une essence. Ce qui naît d'une cause n'est donc pas réellement existant pour Nâgârjuna ; naître en dépendance, pour lui, ce n'est pas naître véritablement, ce n'est pas posséder d'existence propre. A ce titre, rien n'existe puisque tout relève de la relation de création et de dépendance, et si donc rien n'existe, il ne peut y avoir d'attribution d'une essence à nulle chose. Tel est, en définitive, le sens de l'expression si fréquemment rencontrée chez Nâgârjuna : « absence de nature propre » (*svabhâvasûnyatâ*). Dans cette optique, un être contingent, un être causé, dépourvu de nature propre, ne possède strictement parlant aucune essence ; en dernière analyse, il n'existe pas ; ou plus justement il « ex-iste » dans son inexistence.

On cite très souvent, afin d'établir des parallèles parfois risqués, car oublieux de la spécificité des traditions, la définition de Maître Eckhart au sujet de la nature des êtres, on ne peut cependant s'empêcher de la rappeler tant sa formulation est identique à la doctrine nâgâjurnienne de la vacuité : « Toutes les créatures sont un pur néant, affirme Maître Eckhart, je ne dis pas qu'elles sont peu de chose, c'est-à-dire quelque chose, non je dis qu'elles sont un pur néant. Ce qui n'a pas d'être est néant. Mais aucune créature n'a d'être (...) [6]. »

La négation nâgârjunienne de l'être et de l'essence

C'est exactement ce que, d'une certaine manière, tente d'expliquer Nâgârjuna : de par leur caractère contingent les êtres sont vides de toute essence, ils sont un pur néant. Parler comme le fait Nâgârjuna de l'inexistence en vérité vraie, c'est refuser l'existence à ce qui est contingent, à ce qui est causé, à ce qui est relatif. L'essence, qui est considérée en métaphysique comme ce par quoi un être est ce qu'il est en se distinguant des autres êtres, correspond généralement à la « substance seconde », qui désigne le contenu intelligible de ce qui est apte à exister en une chose et non une autre. Saint Thomas d'Aquin dira : « L'essence énonce que par elle et en elle, l'être possède l'existence[7]. » L'inférence de l'être est donc subordonnée à l'essence, ceci impliquant bien que si les êtres ne possèdent pas d'essence ils ne peuvent prétendre participer de l'existence ; dépourvus d'essence ils sont donc inexistants.

Sans essence il ne peut y avoir d'accès, pour personne et aucune chose, à l'existence, car exister consiste toujours à être ceci ou cela, une chose ou une autre, un homme, un animal, un végétal ou un minéral ; être c'est toujours être quelque chose : « L'existence n'est rien d'autre que la modalité d'être propre à l'essence prise en chacun des états où elle se trouve[8]. » Aristote, le premier en Europe, parlera des liens de détermination entre l'essence et l'existence, ce sera d'ailleurs la question de l'origine secrète de l'existence qui constituera l'objet formel de la recherche développée dans sa *Métaphysique*. Se demander « qu'est-ce que l'être ? », c'est donc se demander en premier « qu'est-ce que cette essence qui existe ? ». Toute chose a de l'être, toute chose est, existe, par présence sensible, mais cette présence, si on veut bien y être attentif, n'est rien d'autre que son essence, essence qui est l'acte concret, réel, de sa présence au monde. Tout être est d'abord en ce qu'il est, et par le fait qu'il soit, une essence, une nature individuée, une forme distincte et spécifiée.

L'existence se manifeste donc impérativement par l'essence, or si l'essence vient à faire défaut, à disparaître, l'existence elle-même disparaît. Il ne peut y avoir d'être dépourvu d'essence, la notion d'être ne se situant inévitablement qu'à l'intérieur d'une essence concrète. Il n'y a pas d'être abstrait, si ce n'est les constructions de raison qui n'ont d'existence que mentale, l'être est toujours l'être de quelque chose. Le primat de l'essence sur l'être est consécutif du constat que tout être, de par le fait qu'il est, est d'abord une nature (homme, animal, végétal, etc.). Tout être qui existe est une essence réalisée et déterminée en son être. Tout être qui existe est une essence par laquelle il est ce qu'il est, par laquelle il subsiste dans l'être. C'est de cette essence qu'il tient son être, et par là même son existence propre. Sans essence constitutive, pas d'existence possible, c'est une loi métaphysique axiomatique.

Nier comme le fait Nâgârjuna que les êtres soient pourvus de *svabhâva*, c'est-à-dire de nature ou d'essence, c'est donc nier qu'ils possèdent en propre une nature ou une essence (et non que leur nature ou leur essence est de ne pas en avoir). Cela ne signifie bien évidemment pas que les choses n'existent pas, mais qu'elles sont simplement, en tant que vides de nature propre, comme des apparences dénuées de toute consistance réelle. La compréhension de la production en dépendance (*pratîtya-samutpâda*) entraîne la mise en miettes de l'édifice conceptuel substantialiste. Il n'y a pas de production, car il n'y a pas de disparition, il n'y a pas de disparition, car il n'y a pas de production, la dialectique nâgârjunienne est une dialectique sans prédicat ; les contraires se renvoient dès lors perpétuellement entre eux, comme un jeu de miroir se projetant à l'infini, une perspective auto-réfléchissante de convergences, divergences et complémentarités.

L'enchaînement sans fin des négations et des affirmations aboutit à la ruine de toute formule positive ou négative fixe. Seul demeure ce qui ne demeure pas : au sein du vide, l'inconsistance — sans production ni disparition — est attributive de rien. « On comprend que la dialectique nâgârjunienne (n'ait) pas de valeur intrinsèque et constitue un simple moyen pour déblayer la voie de l'expérience mystique. L'absolu n'est pas le vide, il est uniquement vide de dualité, de pluralité comme d'unité, en un mot de tout concept. Nâgârjuna ne soutient jamais l'annihilation, le rien, l'inexistence en soi, mais seulement l'inexistence des constructions que nous surimposons à la réalité. Seul celui qui se libère des dichotomies et des limites conceptuelles perçoit les choses telles qu'elles sont[9]. »

La non-nature du vide

C'est pourquoi la plus grande méprise des Abhi-dharmika consistera donc bien, après avoir accepté la loi de « production conditionnée » (*pratîtya-samut-pâda*), de réifier cette loi et, en se méprenant profondément sur sa portée véritable, d'attribuer aux phénomènes une essence par le fait qu'ils sont sans nature propre. Si les phénomènes sont vides de substance propre, ils sont donc, par conséquence et par équivalence, vides de toute essence. Leur essence n'est pas de ne pas posséder de soi ; de la facticité existentielle des phénomènes, il ne peut être possible de substantialiser une nature, fût-elle une nature du vide. Sur ce point, et en parfaite cohérence avec lui-même, Nâgârjuna se montrera toujours d'une intransigeance inflexible. La vacuité, et Nâgârjuna le rappellera constamment, n'est pas une base à partir de laquelle on puisse faire subsister une nature. L'absence de nature propre, c'est l'absence absolue de toute nature, car le vide ne possède pas et ne peut posséder une nature. Il est même radicalement erroné de parler d'une nature du vide : le vide n'est rien, ne possède rien, ne se spécifie par rien, et tout particulièrement ne se réduit ni à l'absence ni à la présence, ni à l'être ni au non-être, concepts dualistes, qui restent encore des modes limités de l'ontologie substantialiste.

L'absence de nature propre est une véritable destitution de l'essence ; la domination du relatif dans l'être, regardée comme l'unique vérité des existants, aboutit à les vider de toute essence singulière, et donc de toute existence réelle. Pour asseoir son affirmation, Nâgârjuna utilisera un exemple devenu célèbre : « Pousse et semence n'ont pas de naissance réelle, puisqu'elles ne sont que la transformation d'états végétaux antérieurs, pas de disparition non plus, puisque leur disparition apparente concorde avec l'apparition d'autres semences et d'autres pousses ; pas d'éternité, puisqu'elles sont en perpétuel devenir ; pas de devenir réel, puisqu'elles tournent dans le même cycle ; pas d'unité, puisqu'elles ne cessent de se subdiviser en graines et en pousses nouvelles, et pas de pluralité réelle, puisque la même espèce originelle les englobe [10]. » N'existe et ne subsiste donc dans l'être que la relation en dépendance ; permanente suite de production, corruption et disparition, cycle sans origine et sans fin du mouvement et de sa cessation. Ni vie, ni mort, ni essence, ni existence, tout est, et depuis toujours jusqu'à jamais, une suite éternelle du vide au sein de la vacuité. « Comme il n'y a plus ni production ni destruction de phénomènes, les choses perdent toute consistance à quoi on eût pu encore se raccrocher [11]. » En fait d'être il n'y a que le vide, en fait d'essence il n'y a que l'absence ; jamais dans l'histoire une si forte critique ne fut exprimée à l'encontre de la réalité et des phénomènes, jamais on n'engagea un procès si radical de la substance et des concepts qui permettaient son expression.

IV. *L'objectif du « Traité du Milieu »*

Toutefois, malgré la perspective critique du « Traité », Chandrakirti (comme nous l'avons signalé, l'un des disciples les plus importants de Nâgârjuna, fervent continuateur de la pensée mâdhyamika, auteur du principal commentaire du « Traité », la *Prasannapadâ* sur le Mâdhyamaka) à juste titre rappellera que Nâgârjuna composa son « Traité » en ayant pour objectif premier l'obtention de la réalisation et de l'Eveil : « Dans le "Traité", dit-il, Nâgârjuna ne discute pas par amour de la controverse, il montre l'ainséité en vue de la libération [12]. » La libération, pour Nâgârjuna, ne peut s'établir que sur les ruines de la réalité mondaine (*laulika sattva*), sur l'effondrement des certitudes illusoires et limitées. C'est un véritable travail de déconditionnement auquel Nâgârjuna invite son lecteur ; il lui demande, et en cela son exigence est extrême, d'accepter de rompre avec les schèmes conceptuels classiques de la certitude ou de la conviction. Nâgârjuna propose de franchir une barrière gnoséologique, qui est, en vérité, la mise en œuvre d'un authentique saut qualitatif. Certes, cette expérience peut affoler la pensée de celui qui accepte de la tenter, mais passé le premier moment d'étonnement et d'angoisse, devant la fuite et la disparition de toutes les certitudes, apparaît alors l'immense champ de l'Eveil, le domaine invisible, vide de substance propre, non différencié de la vacuité (*sûnyatâ*).

Etre conscient que le « Traité du Milieu » est « or-

donné à la libération », est finalisé à la mise en œuvre
d'un processus d'Eveil, est nécessaire afin de mieux
cerner l'intention intime de Nâgârjuna. Le « Traité »
a pour but de faire pénétrer le lecteur dans la Voie,
dans le chemin subtil de la réalisation. Nous sommes
donc en présence d'une œuvre, dont l'intention véritable est de permettre une démarche qui a pour perspective de donner accès à la compréhension profonde
des phénomènes, à la juste vision, de contribuer à
« l'apaisement de la multiplicité ». C'est un ouvrage
pratique, en ce sens qu'il propose un engagement, une
orientation en vue de la cessation ; le « Traité » est
donc de ce fait, et en réalité, un authentique outil. Il
convient de l'aborder comme tel, et de maintenir, lors
de son étude, toujours présente à la mémoire cette
dimension spécifique du texte.

Le « Traité », très certainement, est un livre d'une
grande audace ; non content de repenser et, par là
même, de renouveler toutes les problématiques antérieures qui constituaient les fondements des anciennes
écoles bouddhistes, il dégage une immense perspective herméneutique. Tordant le cou à toutes les formes fixes, traquant les positions arrêtées, détruisant
les convictions les plus stables, il agit comme une dialectique permanente, mobile et insaisissable. Le
« Traité » a l'efficacité d'un véritable « art martial »
pour l'esprit, s'en dégage de ce fait une méthode
d'une étourdissante souplesse. Comprendre la pensée
mâdhyamika, rentrer dans la doctrine du « Traité »,
c'est en accepter la pratique, on pourrait dire qu'il
n'est pas possible de rentrer véritablement dans la

doctrine du « Traité » sans pénétrer soi-même dans l'expérience de la vacuité. Il n'y a quasiment pas d'en dehors, pas d'extériorité possible à cette œuvre. Il faut s'y donner, s'y livrer, sous peine de n'en rien percevoir, elle ne se laisse découvrir qu'en la pratiquant.

Le « Traité » peut, sans aucun doute, être qualifié d'« acroamatique », il ne s'ouvre qu'à celui qui le mérite, et ce mérite se paie d'un seul et unique prix : l'expérience. Vouloir comprendre, c'est accepter qu'il puisse s'avérer être nécessaire de pratiquer la doctrine, c'est accepter de cheminer dans la Voie, accepter, plus exactement et plus justement encore, d'être saisi par la Voie ; c'est là également le seul et unique objectif du présent ouvrage, permettre cette expérience véritable de l'engagement dans la Voie, inviter à la vérification concrète des thèses nâgârjuniennes, leur offrir une possibilité de mise en œuvre, les confronter à la réalité elle-même.

Pénétrer la doctrine du « Traité » c'est donc, dans une certaine mesure, rendre vivantes les thèses mâdhyamika ; vivantes non pas seulement par un usage purement abstrait, c'est-à-dire en les utilisant comme une mécanique intellectuelle, mais en s'immergeant soi-même au cœur de la vacuité, en entreprenant véritablement l'ascension du mont du Silence, celui de l'expérience libératrice.

2.

L'entreprise théorique de Nâgârjuna

I. La non-consistance ontologique

On n'hésite pas aujourd'hui à présenter Nâgârjuna comme « l'un des plus importants philosophes du bouddhisme, tant pour la profondeur et l'absolue rigueur de sa pensée, que pour avoir élaboré un système ontologique complet, cohérent, qui représente la grande révolution philosophique du Mahâyâna[1] ». L'originalité de Nâgârjuna est surtout de revenir avec force à l'enseignement du Bouddha. Pour ce faire, il reprendra, à l'occasion de la rédaction de ses écrits, la position du refus d'attribution de consistance ontologique dévolue aux êtres et aux choses, comme de façon parallèle la position du refus de non-attribution.

La Voie du Milieu, élaborée par Nâgârjuna, consiste à mettre en lumière l'impossibilité d'asseoir un jugement exact au sujet des phénomènes, car la complémentarité des contraires interdit, en dernière analyse, qu'il puisse validement s'exprimer une opi-

nion juste si celle-ci est bâtie sur une position fragmentaire : « La vérité se trouve donc au milieu (...)
dans le vide. La vacuité de l'univers se démontre donc
par la relativité des contraires, qui n'existent que les
uns par les autres, c'est-à-dire comme construction
illusoire de l'esprit. D'où l'on ne peut que conclure
à l'inexistence réelle des choses[2]. » L'inexistence des
phénomènes fait l'objet d'une longue, profonde et
patiente description tout au long du « Traité » de
Nâgârjuna, l'affirmation des huit négations donne
d'ailleurs une excellente image du discours nâgârjunien : « Ni abolition, ni création, ni anéantissement,
ni éternité, ni unité, ni multiplicité, ni arrivée, ni
départ » (*MK*, XXVI, 12)[3].

Cependant, il faut impérativement se garder de réifier, comme on a beaucoup trop tendance à le faire,
la position de Nâgârjuna à l'égard de l'inexistence du
monde, « la doctrine de la vacuité ne se confond
aucunement avec l'inexistence ou le non-être (...) irré-
ductible à l'être comme au non-être la vacuité est
l'évacuation de ces deux catégories[4] ». Nâgâjurna précise même avec fermeté : « Dire existence est une vue
de permanence, dire non-existence est une vue d'annihilation. C'est pourquoi les sages ne demeurent pas
dans l'existence ou la non-existence » (*MK*, XV, 10).
La vacuité (*sûnyatâ*) est donc une réfutation de tous
les points de vue, l'essence du *sûnyatâ* est de n'avoir
aucune essence particulière, « les Vainqueurs ont
déclaré que la vacuité est l'extirpation de toutes les
vues, ils ont proclamé incurables ceux qui font de la
vacuité une vue » (*MK*, XIII, 18). L'objectif évident

de Nâgârjuna est de libérer l'esprit de son lecteur de toute conception immobile, de tout concept fixe et figé. Sa réfutation de toutes les positions particulières deviendra d'ailleurs le thème central des commentaires qu'il effectuera de la collection des textes désignés sous le nom de *Prajnâparâmitâ-sûtra*⁵ (Sûtra de la Sagesse qui atteint l'autre rive).

Nâgârjuna fonde son attitude sur l'idée majeure que toute volonté de possession, dans un univers soumis intégralement au changement, à l'évolution et à la mort, est non seulement une faute grave, mais de plus une tragique futilité. Face au perpétuel devenir, à la contingence universelle des êtres et des choses, il ne peut être envisageable de s'emparer véritablement d'une forme, d'un phénomène ; nul bien, spirituel ou matériel, qui puisse constituer une propriété authentique, rien ne peut être possédé car il n'y a rien, strictement et radicalement rien à saisir ; dans un monde soumis au changement, même le *nirvâna* ne peut être atteint, car de toute manière rien ne peut être atteint puisqu'il n'y a rien à atteindre. « Ceux qui craignent les souffrances engendrées par la discrimination de la naissance et de la mort (*samsâra*), avait déjà prévenu le Bouddha, recherchent le *nirvâna*, ignorant que *samsâra* et *nirvâna* sont inséparables. Voyant que toutes choses sujettes à la discrimination n'ont aucune réalité, ils imaginent que le *nirvâna* consiste en une annihilation future des sens et de leur souffrance » (*Lankâvatâra-sûtra*, II, 18). Partant de ce principe, Nâgârjuna affirmera que si rien n'existe, puisque tout est vide de nature propre (*svabhâva*), rien n'a besoin d'être annihilé ; telle est l'essence intime du *sûnyatâvadâ* nâgârjunien, telle est également la source originelle et mystérieuse du Zen, la délivrance réside au cœur même de la servitude ; car, au niveau de l'absolue vérité, la servitude c'est la délivrance, et la délivrance est elle-même, aussi surprenant que cela puisse paraître, non différente de la servitude.

Nous sommes donc autorisés à affirmer, en toute et légitime raison, que l'absence de nature propre supprime la nécessité d'une cessation perçue comme une annihilation. Si les choses n'ont pas d'existence, il n'est donc pas nécessaire qu'elles soient supprimées. Si l'être des choses est vide de nature propre, alors rien ne peut être qualifié d'existant, ce qui explique finalement que l'existence soit synonyme de vide. Précisons cependant que le vide, la vacuité pour Nâgârjuna, n'est surtout pas à prendre comme élément objectif, le vide c'est l'absence de vue propre, car il est impossible d'avoir une vue propre et spécifiée sur ce qui ne possède en propre aucune nature. Du vide dont il est question, Nâgârjuna dit : « On ne peut le qualifier de vide, ni de non vide, ou des deux ou d'aucun, mais pour le désigner on l'appelle le vide » (*MK*, XV, 3)[6].

II. La Voie du Milieu, face aux écoles Vaibhâshika et Sautrântika

Pour parvenir à cette affirmation, Nâgârjuna exercera sur la réalité une attention particulièrement aiguisée. Les thèses nâgârjuniennes ne sont pas le pur produit d'une imagination métaphysique spécialement échauffée, bien au contraire elles relèvent d'un examen objectif et scrupuleux des structures fondatrices du concret, d'une étude intransigeante de ce qui détermine l'existence, un examen sans concession des lois intimes de l'être. Nous sommes très loin, ici, d'un subjectivisme théologique, où le religieux viendrait saturer la réflexion par une coloration d'ordre apriorique, même si, bien évidemment, il ne saurait être question d'oublier que Nâgârjuna baigne profondément à l'intérieur d'une culture religieuse à laquelle il est grandement redevable, et dont il ne peut être séparé. Nous savons que le *Madhyamaka-kârikâ*, qui a d'ailleurs été écrit pour lutter contre les positions des anciennes écoles substantialistes, développe sa singulière dialectique à partir des bases argumentaires des écoles Vaibhâshika et Sautrântika, tout en les dépassant de façon catégorique et en radicalisant et enrichissant leurs propres positions argumentaires.

Le réalisme Vaibhâshika et l'idéalisme Sautrântika

Les écoles Vaibhâshika et Sautrântika sont deux écoles philosophiques issues du Hînayâna (ou Véhicule des auditeurs), qui nous sont mieux connues par l'*Abhidharma koça çâstra* (Le Fourreau de la métaphysique), œuvre composée au Cachemire vers le Vᵉ siècle par Vasubandhu. Ce texte, divisé en deux parties, l'une de 600 vers, l'*Abhidharma koçâ karika*, qui compose le corps proprement dit du texte, suivi d'un commentaire en prose, l'*Abhidharma koçâ bhâshya*, est une sorte d'essai de mise en ordre, de classification des doctrines et des positions philosophiques du bouddhisme initial. Cette étude, qui frappe par son caractère très détaillé et particulièrement fouillé des différentes opinions théoriques des écoles historiques du bouddhisme, constitue certainement la plus haute autorité en matière de dogmatique et de métaphysique. Il est ainsi montré, dans ce texte fondamental, que l'école des Vaibhâshika tire son origine d'une des plus anciennes sectes du bouddhisme, celle des Sarvâstivâdin ou réalistes intégraux (de *sarvam asti*, qui signifie en sanskrit : « tout existe »). Les Vaibhâshika, comme leurs maîtres sarvâstivâdin, se caractérisent par un réalisme proclamant l'objectivité concrète des phénomènes ; ils se présentent presque comme des positivistes : « Le visible que voit une personne, affirment-ils, peut être vu par plusieurs, par exemple la lune, une représentation scénique, etc. Il est commun. Si nous regardons les objets comme communs, disent-ils, c'est qu'ils peuvent l'être[7]. » La reconnais-

sance de l'existence véritable des phénomènes passe
donc pour cette école par la médiation des cinq sens ;
toutefois est-il précisé : « L'objet n'en existe pas moins
indépendamment des organes (...) même quand un
visible n'est pas pris comme objet (*âlambyate*) par la
connaissance visuelle, il reste objet, car, qu'il soit pris
ou non comme objet, sa nature reste la même[8]. » Il
est, par ailleurs, intéressant de voir comment s'applique pour cette école réaliste la théorie des deux
vérités :

« Bhagavat a proclamé deux vérités, disent-ils,
la vérité relative (*samvritisatya*) et la vérité absolue
(*paramârthasatya*). Si l'idée d'une chose disparaît lorsque, par l'esprit, on dissout cette chose, cette chose
doit être regardée comme existant relativement. Par
exemple l'eau ; si dans l'eau nous retirons des *dharma*
tels que couleur, saveur, etc., du point de vue relatif
ou conformément à l'usage conventionnel (*samvriti-
tas*), sont donnés différents noms. Si donc on dit, du
point de vue relatif (*samvritivaçena*) : il y a de l'eau,
il y a une cruche, on dit vrai, on ne dit pas faux, car
ceci est relativement vrai (*samvritisatya*). Mais lorsqu'une chose étant dissoute par l'esprit, l'idée de cette
chose continue, cette chose existe absolument (*paramârthasat*) ; par exemple le *rûpa* (l'idée de forme ou
de matérialité). On peut réduire le *rûpa* en atomes,
on peut en retirer par l'esprit la saveur et les autres
dharma, l'idée de la nature propre du *rûpa* persiste.
De même en va-t-il de l'idée de sensation. Comme
ceci existe absolument (*paramârthasat*), c'est vrai
absolument (*paramârthasatya*)[9]. »

Le réalisme des Vaibhâshika est, comme on le voit, d'une rare intransigeance en ce qui concerne l'objectivité des phénomènes, même, ce qui peut paraître tout à fait surprenant, dans le cadre du domaine propre de la vérité absolue (*paramârthasatya*). Poursuivant dans le même sens, et renforçant encore plus, comme s'il en était besoin, la position réaliste, l'*Abhidharma koçâ karika* rapporte ce raisonnement des Vaibhâshika, au sujet de la réalité objective des phénomènes : « Le Bouddha a dit : la connaissance (*vijnâna*) est produite en raison de deux choses, l'organe de la vue et le visible, l'ouïe et le son..., le *manas* et les *dharma*. Si les *dharma*... n'existaient pas, la connaissance mentale (*manovijnâna*) qui les a pour objet ne naîtrait pas... Etant donné l'objet, la connaissance peut naître, non pas si l'objet n'est pas donné [10]. » Il est donc clairement affirmé que la pensée, les conceptions mentales sont secondes par rapport à l'être, que la pensée est déterminée par le réel, que la pensée provient du réel et non l'inverse.

L'école Sautrântika de son côté, en complète opposition avec les Vaibhâshika, se spécifiera et se distinguera par sa volonté de rester fidèle à la lettre même des sûtra du Bouddha. Les historiens nous apprennent qu'elle fut constituée originellement par Kumâralabdha qui vivait, semble-t-il, au IIe siècle de notre ère. L'opposition des Sautrântika au réalisme des Vaibhâshika est véritablement sans appel : le monde pour les Sautrântika est une pure illusion, de par l'inconsistance des états de conscience : « La série (*prabandha*) des phénomènes conditionnés (*samskâra*), ou encore la série des états de conscience (*vijnâna-sam-tâna*), chacun de ces états n'existant que dans un devenir infinitésimal. Cette série, ce *samtâna*, est sans *samtânin*, sans substrat qui relie entre eux les mem-bres de la série comme le fil relie les perles du collier. Elle ressemble à une ligne de fourmis. Son unité réside tout entière dans le rapport de cause à effet des états d'esprit successifs dont elle est formée [11]. »

Si les phénomènes apparaissent et disparaissent de manière simultanée, c'est donc que non contents d'apparaître à l'existence pour une très courte durée, ils ne sont en réalité qu'inexistants, sans durée. La série phénoménale ne peut donc plus être considérée comme dérivée et issue d'une cause unique, d'une Cause première, mais bien au contraire de causes suc-cessives (*pratîtya-samutpanna*) : « Chaque chose est une instantanéité, parce qu'elle n'existe qu'au moment de sa production. On ne peut séparer en elle le caractère de l'apparition de celui de la disparition. » Le moi n'est donc que la série successive des phéno-mènes qui, par leur simultanéité, créent l'illusion de la permanence. Mais si cette permanence n'est, en réalité, qu'une pure et simple illusion, c'est que « ce qui va s'anéantissant pendant un temps est tout de suite, dans ce même temps, déjà non existant [12] ».

Un dilemme difficile

On mesure donc très bien, de par cette radicale divergence théorique entre les écoles Sautrântika et

Vaibhâshika, comment se posa pour Nâgârjuna la difficile question consistant à savoir laquelle des deux avait raison, laquelle était dans le vrai. Le dilemme intellectuel fut très certainement vécu chez lui très vivement, et devait sans aucun doute troubler également les fidèles et les moines de l'époque ; d'ailleurs les conséquences négatives de ces opinions, strictement divergentes, se faisaient sentir jusque dans la problématique touchant à la notion ultime du *nirvâna*.

Le réalisme des Vaibhâshika les amenait à considérer comme des phénomènes positifs objectifs les trois inconditionnés, c'est-à-dire l'espace (*âkâça*) et les deux formes de cessations des phénomènes (*pratisamkhyânirodha,* ou *nirvâna,* et *apratisamkhyânirodha*) ; pour les Sautrântika, au contraire, les inconditionnés n'avaient qu'une valeur négative : « Ce qu'on nomme espace, disaient-ils, c'est seulement l'absence du tangible (*sprashtavya*) : quand, à tâtons dans l'obscurité, nous ne rencontrons pas d'obstacle, on dit qu'il y a espace (...). Le *nirvâna* de même est l'absence de renaissance, c'est la non-production (*anutpâda*)[13]. »

Plus loin, afin de ne point trop s'éloigner de l'orthodoxie ils ajoutaient : « Nous ne disons pas que les inconditionnés ne sont pas. Ils sont, en effet, de la manière dont nous disons qu'ils sont. Par exemple, avant que le son ne soit produit, on dit : il est (*asti*) une inexistence (*abhâva*) antérieure du son. Après que le son a péri, on dit : il est une inexistence postérieure du son. Et cependant il n'est pas établi que l'inexis-

tence existe (*bhavatî*). De même pour les trois inconditionnés. Bien qu'inexistant, un inconditionné
mérite d'être loué, à savoir l'absolue future inexistence. Cet inexistant, parmi les inexistants, est le meilleur, et les fidèles doivent concevoir à son endroit joie
et affection [14]. »

On imagine, bien sûr, la réaction des Vaibhâshika :
« Si le *nirvâna* est inexistence, répliquèrent-ils, comment
peut-il être une des vérités ? comment peut-il être loué ?
Si les inconditionnés sont des inexistants, la connaissance qui a pour objet l'espace et le *nirvâna* aura pour
objet une non-chose ! Si le *nirvâna* est inexistence, néant
(*abhâva*), comment un moine qui obtient le *nirvâna* dès
cette vie, peut-il dire l'avoir obtenu ? » Les Sautrântika
tenteront de répondre en s'appuyant sur les textes sacrés :
« Le *nirvâna*, ce n'est pas seulement l'abandon complet
(*açeshaprahâna*), la purification (*vyantibhâva*), l'épuisement (*kshaya*), le détachement (*virâga*), l'apaisement
(*vyupaçama*), le passage définitif (*astagama*) de cette
douleur ; c'est aussi la non-renaissance (*apratisamdhi*), la
non-prise (*anupâdâna*), la non-apparition (*aprâdurbhâva*) d'une autre douleur. Cela est calme (*çânta*),
cela est excellent (*pranîtam*), à savoir le rejet de toute
catégorie ou conditionnement (*upadhi*), l'épuisement de
la soif (*trishnâshaya*), le détachement (*virâga*), la destruction (*nirodha*), le *nirvâna*. Le *nirvâna* est donc *avastuka*,
irréel, sans nature propre. » Les docteurs Vaibhâshika ne
manqueront cependant pas de rappeler : « Si les textes
sacrés disent qu'il n'y a plus apparition de douleur dans
le *nirvâna*, ce locatif indique que le *nirvâna* est un lieu,
une chose. Quant au terme *avastuka* appliqué au *nirvâna*

par les textes sacrés, il faut le traduire non pas par irréel, sans nature propre, mais sans causalité, inconditionné[15]. »

La réponse libératrice de Nâgârjuna

La Voie du Milieu nâgârjunienne est donc, comme nous le voyons, une réponse directe à cette impossible conciliation des vues antagonistes, c'est une formulation souveraine et libératrice face à la difficile et, disons-le, irrésolue question consistant à connaître l'exacte vérité entre les opinions opposées. La Voie du Milieu ne peut se comprendre véritablement si on méconnaît la situation du débat théorique qui agita le bouddhisme avant Nâgârjuna. Débat qui agitait le bouddhisme, non seulement dans le cadre des joutes oratoires entre les docteurs des différentes écoles, mais qui de plus était la cause d'un trouble profond concernant la compréhension de la doctrine originelle du Bouddha.

En engageant son entreprise théorique, Nâgârjuna eut pour objectif de revenir à l'essence même de l'enseignement de l'Eveillé et donc, prioritairement, de permettre l'authentique mise en œuvre du processus de libération révélé par le Bouddha. On mesure en cela en quoi réside l'immense apport de la doctrine de Nâgârjuna ; en contribuant à la redécouverte du processus propre à l'enseignement du Bouddha, du dépassement de toutes les opinions parcellaires et vues contradictoires fragmentaires, elle rendait de nouveau possible la réalisation effective de l'extinction de l'illusion et la libération des identifications trompeuses.

Nâgârjuna, dans son « Traité », met en lumière la loi directrice de l'interdépendance universelle des phénomènes, lesquels, vides de substance propre et apparaissant en une succession continuelle de morts et d'existences, ne peuvent être qualifiés ni d'existants ni de non existants : « Les choses, enseigne Nâgârjuna, ne sauraient disparaître ni apparaître, se produire ni être anéanties. Aucun mouvement réel ne les commande. Seraient-elles alors éternelles ? pas davantage. De même elles ne sauraient être rangées sous les catégories de l'unité ou de la pluralité (...) la critique nâgârjunienne, partant des données du phénoménisme universel, va détruire systématiquement les conditions mêmes de ce phénoménisme [16]. » Cependant, Nâgârjuna regarde avec une impressionnante exactitude les mécanismes auxquels sont soumis les phénomènes. Les faits sont analysés avec une rigueur tout empreinte d'une stricte discipline, qui pourrait être définie comme une disposition de la pensée aux lois du réel. Sa critique des positions philosophiques des écoles Abhidharmika, comme nous l'avons vu dans un précédent chapitre, est une réfutation de leurs vues erronées vis-à-vis de la réalité. C'est d'ailleurs l'argument principal de sa critique ; rien n'est plus important, pour lui que cette clarification exacte concernant la nature de l'être des choses, car l'extinction (*nirvâna*), pour Nâgârjuna, n'est rien d'autre que l'absence de vue fausse, c'est l'éradication de l'incompréhension au sujet de la nature des choses, c'est la véritable perception de la nature de ce qui est. Ce n'est pas un anéantissement, une absorption dans le rien, une dissolution, une disparition dans le vide informel. C'est, bien au contraire, la claire vision, la juste compréhension de la nature de ce qui est. Or, cette juste compréhension permet en parallèle la juste perception d'un principe immanent à tous les êtres : le principe d'impermanence. Qu'énonce ce principe, que révèle cette loi ? Tout simplement que le réel n'est pas fixe, qu'il est en transformation perpétuelle, qu'il change, se modifie, qu'il est entraîné dans le grand fleuve du devenir et du mouvement. Puisque l'ensemble des êtres et des choses baignent au sein de la relativité, dont le mouvement est l'unique force directrice, le réel ne doit donc jamais être perçu comme une substance stable ; non duel, il relève du vide, de l'absence de nature propre : « Comme *nirvâna* et *samsâra,* toutes les choses sont non-deux. Il n'y a pas de *nirvâna* sauf là où est *samsâra* ; il n'y a pas de *samsâra* sauf là où est *nirvâna.* La condition de l'existence n'a pas un caractère mutuellement exclusif, c'est pourquoi toutes choses sont non duelles, comme *nirvâna* et *samsâra* » (*Lankâvatâra-sûtra,* II, 28). Cela signifie, aussi étrange que cela soit au regard de la logique classique aristotélicienne, que les choses existent et que dans le même temps elles n'existent pas.

III. Nâgârjuna et le Yogâcâra

Précisons néanmoins, car cela s'avère très souvent nécessaire, que Nâgârjuna n'est pas un idéaliste, un irréaliste ; nous sommes très loin avec lui des positions spiritualistes adoptées par le Yogâcâra, qui apparaîtront au IVe siècle, avec les maîtres Vasubandhu et Asanga, maîtres pour lesquels le réel n'était qu'une vue de la pensée, les phénomènes qu'une construction de l'esprit. Nâgârjuna, bien au contraire, maintient que si rien n'existe, alors la pensée elle-même ne peut pas être dite existante ; affirmer l'existence de la pensée c'est retomber dans l'illusion spiritualiste. Lorsque les maîtres du Yogâcâra soutiennent que « si la pensée est illusionnée, si sa vision est par définition fausse, c'est donc que c'est une pensée et qu'elle existe en tant que telle », immédiatement Chandrakirti, en fidèle et conséquent disciple de Nâgârjuna, réfute avec vigueur l'argument : « En raison de la présence, pour le monde, d'une épaisse ignorance semblable à une nuée, les objets apparaissent faussement (...). De même, sous l'influence des fautes de l'erreur l'intelligence de l'ignorant connaît la variété des composés [17]. »

La doctrine du Yogâcâra, également nommée Vijnânavâda, c'est-à-dire « l'école qui enseigne la connaissance », affirme l'inexistence du monde extérieur, tout comme la Voie du Milieu, mais dans un sens bien différent. En effet, pour cette doctrine, le monde n'est que le fruit des constructions mentales, le monde n'est que le produit de la pensée, il ne possède en soi aucune réalité autre que dans l'esprit, si toutefois cette présence peut être qualifiée de « réalité ». Cet idéalisme radical a donné des œuvres importantes, parmi lesquelles on peut citer : le *Yogâcârabhûmisâstra* (Traité des terres du Yogâcâra), texte célèbre pour être le plus long de toute la littérature bouddhique ; le *Mahâyânasûtrâlankâra* (L'Ornement des sûtra du Mahâyâna), le *Vimsatikâ-Vijnâptimâtratâ-siddhi* (La Preuve que tout n'est que connaissance), ainsi que le *Dharmadharmatâ du Vibhanga*, l'*Uttaratantra* et le *Saptadçabhûmi*. Il importe de voir tout d'abord que le système du Vijnânavâda ne peut se concevoir, ne peut se comprendre sans la doctrine du Mâdhyamaka, qui sert de base de départ aux penseurs idéalistes. « Tous les phénomènes, avait proclamé le Mâdhyamaka — et l'on sait que le bouddhisme, repoussant l'absolu, n'admettait que des phénomènes —, ne sont qu'une illusion, une vacuité. Soit, pense le Vijnânavâdin, dont tel est aussi le point de départ — mais qu'est-ce que l'illusion ? un mirage intellectuel, donc une pensée. Qu'est-ce que la vacuité ? la vacuité de la pensée, donc encore une donnée psychique. L'existence de l'idée pure, notera Vasubandhu, se trouve établie par la connaissance même qu'on a de l'irréalité (objective) de l'idée (*Vimçakakârikâ prakarana*). Dire avec les Mâdhyamika que le monde n'est qu'illusion et vacuité, c'est avouer qu'il n'est que représentation et pensée (*vijnapati, citta*), esprit (*mana*), connaissance (*vijnâna*). Et voilà restauré, malgré le criticisme nâgârjunien, grâce même à ce criticisme, l'idéalisme absolu (...) [18]. » Il est donc permis d'affirmer avec justesse que « la doctrine du Vijnânavâda est profondé-

ment originale et semble paradoxale. Elle affirme en effet
que l'univers tout entier est esprit, conscience pure (*citta*,
qui correspond alors à ainsité). Les choses et les sujets
n'ont pas de réalité en eux-mêmes, mais ne sont que des
développements intellectuels, ils n'existent que dans la
pensée que nous en avons. Ce que nous prenons pour le
monde extérieur n'est que de l'esprit[19] ».

On comprend facilement que cette position soit totalement rejetée par les Mâdhyamika ; Chandrakirti l'exprime de la manière suivante : « De même qu'il n'y a pas
de connaissable, il n'y a pas de connaissance. C'est ce
qu'il faut savoir. Si, sans objet et dépourvu de sujet, existent des essences dépendantes vides des deux, par quoi
leur existence sera-t-elle connue[20] ? » Les Vijnânavadin,
pour affermir leur théorie, se fondaient, non sans quelque légitimité, sur les paroles attribuées au Bouddha :
« Ce triple monde n'est que pensée (*cittamâtra*). » Chandrakirti et les autres Mâdhyamika rétorquent cependant
que, par cette formule précise, les Ecritures voulaient
uniquement faire comprendre qu'il n'y avait pas d'agent
personnel, pas de sujet de la pensée autre que la pensée
elle-même. Il s'agissait donc seulement de dissocier dans
la pensée impersonnelle et impermanente l'agent soi-
disant personnel et permanent, nullement de conférer
une valeur réelle, la seule valeur réelle à cette pensée : « Le
Héros pour l'éveil de la terre connaît que cette déclara-
tion : "Les trois mondes ne sont que conscience", a pour
but de faire comprendre qu'il n'y a pas en tant que créateur de soi permanent[21]. » Pour la doctrine de la Voie
du Milieu, la pensée pas plus que la matérialité n'ont de
réalité, l'expression du Bouddha au sujet de la pensée

veut uniquement exprimer que la pensée « joue un rôle prépondérant, nullement que l'objet de la connaissance doive être nié et qu'il n'existe que la pensée ou connaissance sans objet[22] ».

IV. Théorie des deux vérités

Pour Nâgârjuna, prendre appui sur l'usage ordinaire de la vie, c'est la considérer en ce qu'elle est, c'est fonder son raisonnement théorique à partir des formes données de la réalité concrète. Nâgârjuna ne négligera, pour ce faire, ni la spécificité du singulier ni l'universalité des lois de l'être ; tout en niant toute affirmation et toute négation au sujet de ces lois. Cependant, il dégage de par sa réflexion propre une double détente à l'intérieur du réel, non pas un double langage, mais un double aspect du concret. Le consentement au réel, qui participe dans un premier temps de son attitude d'ouverture objective face aux déterminations multiples de l'existence, amène Nâgârjuna à comprendre que la première conséquence de l'absence de nature propre aboutit à la distinction entre, d'une part, la vérité dite suprême (*paramârtha*), celle que réalisent les Eveillés qui parviennent à la réalisation de la pleine compréhension de l'absolu en tant que vacuité (*sûnyatâ*) et, d'autre part, la vérité conventionnelle (*samvrti*), qui est le fait des êtres qui restent plongés dans l'illusion et l'ignorance mondaine, là où règnent encore les voiles de l'apparence. Ceci s'explique car, « puisque notre langage et nos concepts sont relatifs au monde, ils sont impuissants à exprimer la réalité supra-mondaine, et la négation de tout ce qui constitue l'expérience ordinaire est donc la seule attitude appropriée[23] ». C'est d'ailleurs la mise en œuvre de cette négation qui, d'une certaine manière, va mobiliser et surtout caractériser l'entreprise critique de Nâgârjuna.

La subtilité de la théorie nâgârjunienne vient du fait que si les écoles antérieures considéraient que *nirvâna* et *samsâra* étaient antithétiques l'un à l'autre, constituaient quelque chose de radicalement différent, pour la Voie médiane, bien au contraire, le monde de la réalité et le monde de l'illusion ou de l'ignorance sont un seul et même monde, leur différence porte simplement sur le fait que la réalité est atteinte par l'Eveil, et l'ignorance perçue par les êtres encore plongés sous le joug des apparences. Il n'y a donc pas véritablement d'opposition entre *nirvâna* et *samsâra*, « la délivrance ne s'obtient pas par l'extinction du désir et l'arrêt de la roue incessante de la transmigration, mais par la conversion de l'ignorance en illumination, de la vérité conventionnelle en vérité supérieure[24] ».

Nâgârjuna l'affirme avec une grande clarté : « C'est en prenant appui sur deux vérités que les Bouddhas enseignent la Loi, d'une part la vérité conventionnelle et mondaine, d'autre part la vérité de sens ultime. Ceux qui ne discernent pas la ligne de partage entre ces deux vérités, ceux-là ne discernent pas la réalité

profonde qui est dans la doctrine des Bouddhas »
(*MK*, XXIV, 8-9) [25]. La ligne de partage, la ligne invisible entre les contraires, c'est finalement la fameuse
Voie médiane où le réel se dévoile dans sa nature
paradoxale et insaisissable. Si Nâgârjuna reconnaîtra
toujours une vérité au réel, c'est justement celle de la
vacuité. La vacuité nâgârjunienne, qui n'est pas équivalente au néant, montre simplement que les phénomènes, en tant que tels, existent comme apparence
concrète d'un certain point de vue limité, et n'existent
pas sous une perception plus profonde : « Il existe
donc deux niveaux de réalité (et d'existence, ce qui
est indissociable) : une vérité conventionnelle et une
vérité ultime. Si l'on se place au niveau de la première, alors le monde des phénomènes et la doctrine
bouddhique elle-même possèdent une certaine valeur,
ou, si l'on veut, une sorte de réalité empirique (...).
Mais du point de vue de la vérité ultime, rien de cela
n'existe, le *nirvâna* abolit toute diversité, ce qui inclut
la loi de production en dépendance elle-même. Mais
Nâgârjuna va encore plus loin, en montrant que le
nirvâna et les phénomènes ne sont, en dernière analyse, que les expressions d'une même non-réalité : ce
qu'on appelle phénomène du point de vue du conditionné est *nirvâna* si l'on se place du point de vue de
l'inconditionné [26]. »

Le formidable mystère de l'équation d'équivalence
entre *nirvâna* et *samsâra* trouve ainsi à s'exprimer avec
une force singulière dans la doctrine nâgârjunienne.
Ce mystère habite l'ensemble du corpus doctrinal du
Mahâyâna, et se trouve exposé avec force dans les

commentaires que Nâgârjuna effectuera des *Prajnâpa-ramitâ-sûtra*, commentaires qui constituent sans aucun doute une synthèse inégalée du *sûnyatâ*. Par le fait qu'elle participe d'une très grande attention portée au changement et à la perception de la complémentarité des contraires, l'entreprise théorique de Nâgârjuna n'est donc pas un jeu intellectuel, une scolastique abstraite et purement théorique ; c'est une véritable méthode de libération, une concrète discipline de l'esprit ayant pour objectif de libérer l'homme du piège des vues parcellaires et fragmentaires. C'est une réfutation vigoureuse des doctrines philosophiques marquées par l'attachement substantialiste et objectifiant, un essai ambitieux d'échapper au pervers processus des opinions contraires et contradictoires, une « maïeutique » incomparable de l'Eveil, « une expérience religieuse aux limites de l'évanescence, une dialectique si intimement libératrice qu'elle se supprime en s'exerçant : auto-abolitive[27] » ; il n'y a plus chez Nâgarjuna de croyance en la persistance « d'une vérité unidimensionnelle et ontique, telle en particulier que nous l'avons héritée d'Aristote[28] » ; l'existence pour lui est non-existence, la non-existence est existence.

V. La logique du vide

Cette affirmation d'équivalence entre existence et non-existence ne manque pas de plonger celui qui aborde la doctrine nâgârjunienne dans une profonde et naturelle perplexité. Il importe donc de comprendre, en premier lieu, que cette logique est une logique de l'impermanence, c'est pourquoi elle échappe à toute tentative de compréhension fonctionnant sur le mode binaire du oui ou non, du système du tiers exclu, qui considère qu'une chose ne peut être vraie et fausse en même temps. Lorsque nous disons qu'elle échappe à la raison binaire, nous sous-entendons qu'instruite des modes opératifs de la logique exclusive, elle met en œuvre un mécanisme original de dépassement des impératifs catégoriques du sens commun, ce en quoi elle apparaît comme profondément désorientante pour un esprit constitué et formé par le jugement habituel de la raison ontique. En effet, la logique à laquelle nous somme familiarisés, celle qui structure profondément, non seulement notre mode d'être mais aussi notre mode de penser, obéit depuis des siècles au principe de l'incompatibilité des contradictoires. Cette logique puise ses fondements chez les Grecs, et plus précisément chez Aristote, qui fut certainement celui qui contribua le plus à formaliser les lois du raisonnement analytique du concret. N'oublions pas, cependant, que l'Inde connaissait et utilisait déjà les mêmes et quasiment identiques outils intellectuels, et que les logiciens indiens possédaient un appareil analytique en tout point comparable, pour ce qui est de sa capacité effective à maîtriser les lois du réel, à la logique aristotélicienne.

La logique indienne

Le système de la logique indienne, un des six systèmes orthodoxes du Darshana hindou, a été exprimé dans les *Nyâya-sûtra* qui sont attribués généralement à Akshapâda. On pense que la rédaction des sûtra se situe dans une période localisée entre le IIe et le IIIe siècle de notre ère, toutefois Gautama, qui passe pour être le fondateur de cette école, vécut entre le VIe et le IIIe siècle avant notre ère. L'école Nyâya avait pour objet de fournir un fondement rationnel aux multiples croyances du panthéon indien ; pour cela on mit en œuvre un appareil argumentaire fonctionnant sur la base d'une logique de la causalité et du jugement analytique, qui seront placés à l'origine de la science védique. Les différents sûtra feront l'objet de nombreux commentaires, les plus célèbres sont ceux de Vatsyâyana au IVe siècle, Uddyotakara Bhâradvaja au VIIe, Vâcaspatimiçra au IXe et Udayana au Xe, on mesure ainsi l'influence qu'exercèrent ces textes. On aurait cependant tort d'imaginer les *Nyâya-sûtra* comme des textes uniquement centrés autour des problèmes du jugement analytique : « La doctrine classique des *Nyâya-sûtra* n'est pas la première manifestation d'un souci de logique. Les controverses dont les Upanishad et les plus anciens textes médicaux dits de l'Âyurveda donnent maints exemples ont développé de bonne heure la critique de validité des jugements et des opinions [29]. » D'autre part, il est intéressant de constater l'étroite intimité, en Inde, du développement de la logique et de la médecine, « puisqu'il a été supposé que la logique avait pris naissance dans les milieux médicaux (...), toutefois la méthode logique déborda très rapidement ce contexte pour déboucher sur des thèmes plus philosophiques, car un des exemples majeurs de raisonnement donné par Çankara est une démonstration de l'existence du soi-même, écho manifeste d'une utilisation simultanée de la logique à des fins autres que la solution des problèmes médicaux de diagnostic et de pronostic, quoique le problème de l'existence du soi-même (*âtman*) comme substrat de l'être psychique (*sattva*) intéresse l'Âyurveda qui considère l'homme dans son ensemble psychique et corporel [30] ».

Rappelons que les *Nyâya-sûtra* distinguent dans leur analyse seize fondements ou objets des mots (*padârtha*) : « On traduit habituellement *padârtha* plus ou moins heureusement par catégorie ou topique selon qu'on veut évoquer une analogie de l'analyse du Nyâya avec la logique d'Aristote ou avec celle de la scolastique médiévale » ; ces catégories d'une grande précision sont les suivantes, du moins pour ce qui concerne les six éléments premiers de l'établissement du jugement : 1. Les *pramâna*, terme qui recouvre les critères du jugement (*pratyaksha* : la constatation directe, *anumâna* : l'inférence, *upamâna* : la comparaison assimilatrice, *çabda* : le témoignage de l'autorité) ; 2. Les *prameya*, les objets du jugements ; 3. *Samçaya*, le doute ; 4. *Prayojana*, le motif ; 5. *Drshtânta*, l'exemple ; 6. *Siddhânta*, la conclusion établie. Il n'est peut-être pas inutile de regarder un instant le septième *padârtha* appelé *avayava*, et qui correspond à notre syllogisme : « Les *avayava*, ou membres du raisonnement typique aboutissant à l'inférence, sont au nombre de cinq et le raisonnement lui-même est souvent appelé *nyâya* dans l'Inde et syllogisme en Occident, par comparaison avec les syllogismes d'Aristote. Les membres avec l'exemple classique sont les suivants : La proposition (*pratijnâ*) : la montagne a du feu. La raison d'être (*hetu*) : du fait qu'elle fume. L'assertion exemplifiée (*udâharana*) : tout ce qui fume a du feu, comme la cuisine. L'application (*upanaya*) : et c'est le cas. Le résultat (*nigamana*) : il est donc ainsi (qu'il a été avancé) [31]. »

Comme on le voit, le système de la logique possédait ses propres mécanismes et des outils réflexifs extrêmement développés, on a donc pu, et à juste titre, décrire cette méthode « comme un examen critique des objets de la connaissance par la démonstration logique » (Vatsyâyana, *Nyâya-Bhâshya*).

Il n'est toutefois pas inutile « de rappeler que la logique indienne n'a pas les mêmes buts que la logique aristotélicienne (sur laquelle elle n'a eu aucune influence). Alors que la deuxième s'efforce de construire les règles d'un raisonnement valide en lui-même (d'où son nom de logique formelle), la logique indienne est une logique de connaissance [32] ». Le

Nyâya, ou école de la logique, qui est bien l'art de raisonner au sens classique du terme, est une authentique science de la pensée, se particularisant en ce sens qu'elle a pour but premier de délivrer de l'erreur, de l'illusion, et de travailler à en affranchir l'esprit. Plus précisément, l'inférence originale de la méthode de la logique indienne a pour but de montrer l'existence d'une chose invisible, en partant d'un signe réel, et cela en démontrant le lien existant nécessairement entre le signe et la chose invisible. La science indienne du concret est donc une logique qui renvoie à la nécessité d'admettre une Existence première, une Cause initiale dans l'être que les docteurs indiens nommèrent *Isvara*. Cependant, si « le Nyâya reconnaît l'existence du Seigneur (*Isvara*), car il faut bien trouver une cause efficiente au jeu de la rétribution des actes, la théologie n'est pas l'objet propre du Nyâya[33] ». Effectivement cette science de la logique a un objectif unique : parvenir à la délivrance finale (*apavarga*) ; « le Nyâya est un instrument de raisonnement et de science, mais aussi instrument de salut spirituel car la délivrance ne s'obtient que par la connaissance correcte : on arrive à la délivrance finale (*apavarga*) quand on a écarté successivement la fausse connaissance (*mithyajnâna*), les fautes (*dosa*), l'activité (*pravrtti*), la naissance (*janma*) et le malheur (*duhkha*). Comme chaque terme de la série engendre le suivant, le malheur de l'existence est causé en dernière analyse par la fausse connaissance[34] ». Ce souci de libération, de délivrance, qui spécifie la logique indienne, se retrouve également dans la logique nâgârjunienne. Mais, si les objectifs sont identiques, les analyses, à l'examen, s'avèrent divergentes sur de très nombreux points, pour ne pas dire, d'ailleurs, sur pratiquement tous les points.

Les raisonnements nâgârjuniens relèvent d'une position initiale totalement différente à l'égard de la réalité concrète. On cite assez régulièrement les *Nyâya-sûtra* (II, I, 37-40), qui voulurent réfuter les arguments des auteurs mâdhyamika au sujet de la problématique du temps. Comme nous le verrons, Nâgârjuna critique vigoureusement la possibilité de l'existence du temps car le mouvement interdit la capacité de pouvoir se saisir d'une chose qui serait nommée du titre de « présent » : « On n'appréhende pas un temps variable, et puisqu'un temps invariable ne peut être appréhendé, comment désignera-t-on un temps non appréhendé ? » (*MK*, XIX, 5). Les logiciens indiens répliqueront en faisant remarquer que sans le présent, le passé et l'avenir ne peuvent exister, que leur existence ne peut plus être soutenue, or le passé et le futur existent bien, disent-ils, en se fondant sur une preuve de crédibilité tirée de l'expérience immédiate de la vie : les êtres et les choses ont bien un passé, un futur et donc un présent.

SI VOUS DÉSIREZ ÊTRE INFORMÉ DE NOS PUBLICATIONS, MERCI DE RETOURNER CETTE CARTE DÛMENT
COMPLÉTÉE À : **ALBIN MICHEL SPIRITUALITÉS - 22, RUE HUYGHENS - 75680 PARIS CEDEX 14**
www.albin-michel.fr

SVP écrire en lettres capitales

☐ M	☐ MME	☐ MLLE

NOM ....

PRÉNOM ....

ADRESSE ....

....

....

CODE POSTAL ....

VILLE ....

PAYS ....

e.mail ....

À QUELS DOMAINES VOUS INTÉRESSEZ-VOUS PARTICULIÈREMENT ?

☐ Christianisme

☐ Judaïsme

☐ Islam : Soufisme...

☐ Bouddhisme : Zen, Tibet...

☐ Inde : Hindouisme, Yoga...

☐ Chine : Tao, Confucianisme...

☐ Psychologie, développement personnel

☐ Calligraphie

☐ Santé, bien-être

☐ Autres

VOS SUGGESTIONS

....

....

....

....

....

VI. *La réfutation nâgârjunienne de la logique indienne*

C'est précisément le cœur de l'argumentation de la logique indienne que réfute Nâgârjuna. Prenant comme point de départ l'absence de nature propre des êtres et des choses, il démontre l'impossibilité théorique d'un jugement qui voudrait asseoir une affirmation à partir d'une vue partielle et donc incomplète, à ses yeux, de la réalité, c'est-à-dire ne tenant pas compte du fait que ce qui est relatif n'a pas de réalité. « Face aux points de vue (*drsti*) soutenus par ses adversaires, la dialectique de Nâgârjuna se déploie en référence à un double critère : l'intelligibilité des énoncés, leur positivité. L'intelligibilité se subdivise, elle-même, en deux aspects : la rigueur logique ou la cohérence purement formelle d'une part, la possibilité ou l'impossibilité réelle d'autre part selon que la prétention s'accorde avec l'expérience ou bien est démentie par elle. Quant à l'autre pôle, l'exigence de positivité, il consiste à se demander : de quoi parle-t-on ? C'est le constat factuel qui répond[35]. » Ce constat démontre que par l'absence de nature propre des phénomènes, il est théoriquement et pratiquement impossible de leur conférer l'être qui leur fait défaut. Pour Nâgârjuna, nous sommes en face d'un vide, d'une vacuité, qui empêchent que puisse être exprimée une affirmation de l'existence à l'égard des êtres et des choses.

Tout baigne dans une universelle absence de

consistance ontologique, ceci imposant que soit impérativement observé, vis-à-vis de l'ensemble des étants,
un juste silence. Le refus nâgârjunien d'admettre la
propriété d'une essence dévolue aux phénomènes
explique que leur unique réalité soit qu'ils n'en possèdent aucune, même pas celle de ne pas en avoir. Cela
aura de très importantes conséquences sur le système
logique de Nâgârjuna, dont la première, parmi un
certain nombre d'autres, est d'interdire toute forme
de position arrêtée, d'où l'utilisation permanente de la
réfutation comme méthode privilégiée de sa critique.
Dans le cadre de son argumentaire, « Nâgârjuna utilise trois types de réfutation : l'impossibilité logique
(*na yujyate*), l'impossibilité réelle (*nopapadyate*), le
constat d'inexistence (*na vidyate*) [36] ». Cette triple
réfutation fonctionne comme un mécanisme très efficace, on constate sans peine d'ailleurs que son rejet
des positions ou opinions limitées et fragmentaires est
d'une rare puissance. Toute affirmation, fondée en
raison, peut se voir réduite à quasiment rien sous l'effet de la triple réfutation nâgârjunienne, il suffit pour
cela de constater comment l'ensemble des propositions qui constituent le réservoir permanent des discours susbstantialistes cède très aisément sous le poids
de la triple attaque en négation. Logique récurrente,
logique ablative, on n'en finirait pas d'accumuler les
qualificatifs les plus expressifs et les plus frappants
pour tenter de cerner l'exacte appellation de la
méthode critique de Nâgârjuna. Nous sommes indéniablement en présence d'un système qui possède parfaitement sa cohérence ; face à la méthode

caractéristique de la logique négative de la non-substance, tout, absolument tout peut être réfuté, même
la réfutation elle-même, et la réfutation même de
cette réfutation.

VII. *L'identité manquante de l'être*

La vacuité nâgârjunienne, qui se définit par le fait
de refuser et d'échapper à tous les points de vue,
trouve un étonnant prolongement opératif dans sa
mise en œuvre lorsqu'elle fait l'objet d'une utilisation
à l'intérieur d'un débat théorique. Comme méthode
logique, elle se comporte comme un outil critique,
utilisable universellement en contre, négation et réfutation. Appliquée à l'analyse des phénomènes, cette
méthode brise toute la théorie classique et habituelle
de l'identité (que l'on résume généralement ainsi : A
est A, donc A n'est pas B). Cependant une chose ou
un être n'étant jamais ce qu'ils sont pour la théorie
nâgârjunienne, rien ne peut se voir attribuer une propriété dans l'être (A n'est donc pas A). Logique abolitive, elle implique également son auto-abolition (si A
n'est pas A, alors A n'est ni A ni B) ; Nâgârjuna montre bien en quoi, dans son « Traité », ce qui n'a pas
d'identité n'est identifiable à aucune proposition :
« Les Vainqueurs ont déclaré que la vacuité est l'extirpation de toutes les vues, et ont proclamé incurables
ceux qui font de la vacuité une vue » (*MK*, XIII, 18).

Cette véritable profession de foi conduit obligatoire-
ment à l'évacuation du principe du tiers exclu, et
donc à l'adoption du principe de l'identité des
contraires et de la non-identité de l'être.

L'aboutissement inévitable d'une telle attitude est
l'évacuation, la cessation de toute formulation en
affirmation ou en négation au sujet de l'être ou du
non-être. La seule solution, laissée à la disposition de
celui qui entreprend de pénétrer et de s'immerger
authentiquement dans la logique du vide, reste le
silence. L'identité manquante de l'être ne permet plus
de conférer une singularité personnelle, individuelle,
particulière à A, c'est-à-dire au traditionnel symbole
de l'objet identifié, à la proposition universelle affirmative.

Il n'est pas inutile ici de préciser que la logique
classique considère qu'une proposition est universelle,
particulière, ou singulière, en fonction de sa « quantité ». Ce mot de « quantité » peut d'ailleurs légitimement surprendre, mais il désigne une notion
importante qui est celle de l'extension du sujet, ceci
expliquant qu'une proposition est appelée « universelle » lorsque son sujet est lui-même universel, c'est-à-
dire pris dans toute son extension ; elle est nommée
« particulière » lorsque son sujet est particulier, c'est-
à-dire pris dans toute son extension. Cependant,
« une proposition est dite indéfinie quand l'extension
de son sujet n'est pas précisée. Mais cette extension
résulte de la matière de la proposition. En matière
nécessaire et impossible, le sujet est pris universellement ; en matière contingente et possible, il est pris

particulièrement. Par ailleurs, les propositions singulières sont assimilées aux particulières dans la suite de la logique. Si maintenant on combine la qualité et la quantité des propositions, on obtient quatre types de propositions qu'on désigne (arbitrairement) par les quatre premières voyelles :

— universelle affirmative, A,
— universelle négative, E,
— particulière affirmative, I,
— particulière négative, O [37]. »

Les écoles médiévales forgèrent d'ailleurs, afin de faciliter la mémorisation de ces lois par les étudiants, une formule versifiée et concise, à caractère purement technique que l'on retrouve pour la première fois dans le manuel de Pierre d'Espagne au XIIIe siècle :

asserit A, negat E, verum generaliter ambo
asserit I, negat O, verum particulariter ambo.

On aura soin, toutefois, de bien distinguer, lors de l'utilisation de l'universelle affirmative A, le sujet logique qui est ce que l'on affirme ou nie à l'intérieur d'une proposition, du prédicat qui, lui, se réfère à l'attribut du sujet dans cette même proposition.

A donc, entendu comme modèle de ce qui est quelque chose et non une autre, n'est plus, dans le système nâgârjunien, qu'une convention grammaticale, une facilité de langage. Le syllemme qui, en logique, énonce une conjonction d'identité, A et B à la fois, n'est lui-même plus en mesure de pouvoir cerner le moteur dialectique de la vacuité, et il est d'ailleurs refusé par Nâgârjuna lorsqu'il dénonce à plusieurs reprises cet amalgame : « Un agent qui est et n'est pas n'effectue pas une (action) qui est et n'est pas ; où aurait-on, dans une seule (base), l'existence et l'inexistence, mutuellement contradictoires ? un agent existant n'effectue pas une action inexistante ; Un agent inexistant n'effectue pas l'existant car il s'ensuivrait ici aussi les fautes déjà exposées » (*MK*, VIII, 7-8). Remarquons, d'ailleurs, que Nâgârjuna en cela est fidèle au Bouddha, qui demandait que l'on se tienne à égale distance du « il y a » (*astîtî*), et du « il n'y a pas » (*nastîtî*). Cette sentence fait l'objet d'une reprise quasiment littérale dans le « Traité du Milieu » : « Dans son Instruction à Katyayana, rappelle Nâgârjuna en faisant référence à l'épisode historique où le Bouddha renvoya dos à dos les propositions contradictoires, le Vainqueur transcendant, connaisseur des choses et des non-choses, a réfuté à la fois l'existence et la non-existence » (*MK*, XIV, 7).

Ceci explique certainement l'attitude de Nâgârjuna qui, réfutant une proposition, refuse catégoriquement d'adopter la contradictoire de la thèse qu'il vient de rejeter ; « les purs Mâdhyamika, souligne G. Bugault, ceux qu'on appelle Prâsangika, pratiquent le *prasajya-pratisedha,* la réfutation pure et simple sans contrepartie positive. C'est le cas de Nâgârjuna, poursuit-il, contrairement à nos habitudes implicites, il ne se croit nullement obligé d'endosser la contradictoire de l'hypothèse qu'il vient de congédier. Après avoir montré l'inconsistance de l'énoncé qu'il vient de ruiner, il se tait [38] ». Nâgârjuna se tait en effet, car « la manière dialectique répond à l'usage exclusivement préparatoire et purificateur qu'en ont fait les Mâdhyamika les plus radicaux, singulièrement Nâgarjuna, Buddhapâlita et Chandrakirti. Cette dialectique n'est aucunement dogmatique et didactique, comme peut l'être celle de Hegel. Son unique mais décisive fonction est de détruire les points de vue (*drsti*) les uns par les autres et ainsi de faire place nette pour une éventuelle intuition libératrice, laquelle survient dans le vide, abruptement et instantanément[39] ». L'articulation dialectique de la logique nâgârjunienne se déploie donc comme un mécanisme de la réfutation permanente, impossible à saisir ; elle joue non sans une certaine aisance avec les positions contradictoires : « Les Eveillés ont mentionné : "Le je existe", ils ont aussi enseigné : "Le je n'existe pas" ; mais ils ont encore proclamé que n'existe aucun je ni non-je » (*MK*, XVIII, 6).

La non-voie

La Voie du Milieu se présente, paradoxalement, comme une absence de Voie, un refus du dilemme regardé comme une attitude métaphysique réductrice et limitée ; incomplète. Dans un exemple parfait de ce que la logique aristotélicienne appelle le tétra-lemme, c'est-à-dire une logique « quadrangulaire » (*catuskati*) où : 1. A est vrai, 2. A n'est pas vrai, 3. A est vrai et faux, 4. A n'est ni vrai ni faux, Nâgârjuna n'hésite pas à écrire : « Tout est vrai, non vrai, vrai et non vrai, ni vrai ni non vrai ; tel est l'enseignement de l'Eveillé » (*MK*, XVIII, 8). Ceci s'explique sans peine, si l'on veut bien admettre les conséquences naturelles de l'affirmation de la non-substantialité, car

faute de trouver une nature propre dans les êtres et
faute même d'y trouver une forme, fût-elle résiduelle,
de détermination substantielle, Nâgârjuna est donc
obligé d'en conclure que, face à une telle carence
ontologique, il ne peut y avoir ni affirmation ni négation exprimées à l'encontre de n'importe quel phénomène ou de n'importe quel sujet ; toute proposition
du tétralemme est donc également fausse. Mais si ni
affirmation ni négation ne sont possibles, alors, par
cette même et identique impossibilité, toute affirmation et toute négation sont également autorisées.
Nous sommes ici en présence de la figure logique la
plus récurrente et la plus stupéfiante, animée par une
constante mobilité et permanente circularité. Le tétralemme, en tant que forme achevée de logique auto-
abolitive, est donc une totalité constituante reconnaissant comme vraie toute affirmation, toute négation,
toute non-affirmation et toute non-négation, et
incluant également la possibilité qu'une proposition
soit tout à la fois vraie et fausse en même temps,
ce qui est proprement insoutenable pour la logique
aristotélicienne, et également pour l'ensemble des
logiques classiques. La science de la logique considère
en effet que deux propositions contradictoires ne peuvent être vraies ensemble, ni fausses bien évidemment
ensemble ; si l'une est vraie l'autre est donc fausse,
entre deux propositions contraires il ne peut y avoir
normalement identité. Aristote en donne l'argument
théorique de la manière suivante : « Impossible que le
même attribut appartienne et n'appartienne pas au
même sujet en même temps et sous le même rap-

port[40]. » C'est là ce qui préside au principe suprême de la logique, la fameuse loi de non-contradiction, littéralement et superbement ignorée par le tétralemme de Nâgârjuna, loi qui constitue le fondement même de toute science du raisonnement, nommée en langage scolastique *principium identitatis et discrepantiae,* qui sert de base à l'esprit puisque posant les rapports possibles entre deux termes d'une proposition donnée. Aristote affirme qu'une fois nié le principe de contradiction, « il en résulte qu'on ne sera forcé ni à l'affirmation ni à la négation[41] », il ajoute même : « il est clair que la discussion avec un tel adversaire est sans objet. Car il ne dit rien. Il ne dit ni ainsi ni non-ainsi, mais il dit ainsi et non-ainsi[42] ». Aristote en tire cette conclusion : « S'il ne dit rien, il serait ridicule de chercher un argument à opposer à quelqu'un qui n'argumente sur quoi que ce soit — pour autant qu'il en est bien ainsi. Un tel homme, en tant que tel, est pareil à une plante (...) S'il ne prend rien à son compte, si c'est égal pour lui d'avoir une opinion ou de n'en avoir point, en quoi différera-t-il des plantes[43] ? » Nâgârjuna serait-il donc une plante ? n'aurait-il donc rien à dire ? C'est ce qu'il semble confirmer lui-même dans la stance suivante : « Ni identité, ni diversité, ni anéantissement, ni permanence, tel est le nectar de l'enseignement des Éveillés, protecteurs du monde » (*MK*, XVIII, 11).

Nâgârjuna n'a donc en apparence rien à dire, car les choses sont ce qu'elles sont, et en ultime analyse tout discours est jugé par lui vain et inutile, mais dès qu'il se trouve face à une opinion limitée, dès qu'il

rencontre une vue spécifique fragmentaire, alors il
emploie avec une implacable maîtrise, et une science
accomplie des multiples rouages de la dialectique des
contraires, l'outil aiguisé de sa critique, dont le tétralemme incarne l'une des formes opératives. Son
silence n'est donc pas à assimiler à une attitude qui
relèverait du végétal ; loin d'épouser une position
d'indifférentisme en matière philosophique, logique
ou théorique, il combat au contraire avec vigueur,
pour parvenir à la juste compréhension de la doctrine
originelle de l'Eveillé. Sa logique est une arme placée
au service de la vérité intime de l'être des choses, c'est
le levier par excellence de sa critique, c'est la méthode
même de son discours métaphysique. Pour Nâgârjuna
la réalité est proprement indicible, elle oblige, de par
sa non-substantialité, à refuser toute tentative de
réduction logique. Néanmoins l'indicibilité, qui
conduit bien évidemment la vérité au point même de
ne pouvoir être dite, nécessite malgré tout, afin qu'elle
soit exprimée, qu'il puisse être possible de parler en
gardant le silence, ou si l'on préfère de rester muet
tout en parlant. Le mutisme, regardé avec reproche
par Aristote, s'il est celui du végétal ne pose aucun
problème d'ordre philosophique particulier, si ce n'est
de simplement constater qu'il est impossible de dialo-
guer avec l'incohérence ou la stupidité ; mais le
mutisme nâgârjunien est d'un ordre bien différent, et
c'est bien ce qui crée la difficulté, car il ne saurait être
réduit au silence du règne végétal. Nâgârjuna met
bien évidemment ainsi en lumière la délicate, mais
aussi surprenante, situation du penseur qui tente de

cerner la vérité de la réalité, tout en sachant que cette vérité ne peut être dite, puisque indicible, mais est contraint néanmoins de devoir exprimer ce qui ne peut l'être en le disant. Le dire indicible de la vacuité est déjà, en lui-même, la concrète et exemplaire situation de l'impossibilité du dicible s'agissant de l'absolu dans sa vérité. Du vide il n'y a évidemment rien à dire, car on ne peut posséder une vérité, exprimer un dire, de ce qui ne possède en propre aucune essence existentielle.

Que nous rappelle Nâgârjuna ? Tout simplement qu'au sein de l'absence de nature propre, au cœur de la non-substance, toute parole est elle-même non substantielle, tout dire est condamné à la non-signification, toute expression frappée de non-consistance. Comprendre cela, c'est comprendre qu'il n'y a pas d'accès à l'incommunicable par la médiation du langage conceptuel, qu'il n'y a pas de chemin là où nul ne chemine, que nulle parole ne parle de ce qui ne se dit pas, qu'aucune formule ne peut signifier ce qui ne se formule pas, qu'aucun discours ne peut traduire ce qui ne se traduit pas. La parole silencieuse de Nâgârjuna, sa voix (voie) muette, n'est finalement que la juste formulation, l'unique possibilité offerte à l'expression formelle de la vacuité, c'est-à-dire au nectar de l'enseignement des Eveillés.

3.

La dialectique de la non-substance

I. La « Loi » (dharma) et la notion de loi

Affirmer, comme le fait le bouddhisme, que les phénomènes sont soumis à une détermination causale, détermination constitutive de l'existence même de ce qui est, c'est sous-entendre que tout est frappé par une « loi » universelle de conditionnement, que tout est sous l'intégrale emprise du principe de causalité. C'est d'ailleurs sous l'angle particulier de cette loi de nécessité (*dharmadhâtu*) que s'articulent les Quatre Nobles Vérités, qui fondent l'ossature de la Doctrine du Bouddha, et qui sont, par effet de correspondance, l'essence de la Loi (*dharma*) au sens de Doctrine fondatrice de l'Éveillé.

Les Quatre Nobles Vérités, considérées comme l'essence même de la Doctrine du Bouddha, révèlent, selon un ordre didactique et pédagogique : 1. que toute existence est douleur, 2. ce que sont les causes de l'origine de la douleur, 3. la possibilité de la cessation de la douleur, et enfin, 4. le chemin qui conduit à la cessation (*nirvâna*) de la douleur. La formulation de cet enseignement eut lieu lors du Sermon de Bénarès, qui fit suite à l'illumination du Bouddha. Ce premier sermon joue un rôle fondamental dans la Doctrine puisqu'il préside à la mise en route, à la mise en mouvement, de la « Roue de la Loi » (*dharma-chakra*). Cette Roue est généralement représentée dans l'iconographie bouddhiste avec huit rayons symbolisant le Noble Sentier Octuple, Sentier conduisant à la cessation de la douleur, divisé de la manière suivante : Compréhension juste, Pensée juste, Parole juste, Action juste, Moyens justes, Effort juste, Attention juste, Concentration juste. Le Sermon de Bénarès, qui eut comme théâtre le parc aux Gazelles, est tout à fait caractéristique de l'ambiguïté dans laquelle se trouve l'Eveillé. En effet, désireux de faire connaître son expérience, il était nécessaire d'employer pour ce faire le langage conceptuel ; or décrire conceptuellement une expérience de la nature de l'Eveil est une impossibilité dans les termes : « Cette difficulté fondamentale explique que les textes canoniques paraissent être des répétitions sans fin, car plutôt qu'un exposé synthétique et unique, impossible, c'est l'assimilation progressive qui est recherchée (...) Certains exégètes considèrent qu'à partir de son Illumination (si l'on excepte sa mort), l'histoire personnelle du Bouddha Sâkyamuni est terminée. C'est pourquoi le Lalitavistara, l'une des plus importantes biographies sanskrites du Bouddha, s'arrête ici : il est définitivement détaché[1]. »

On comprend mieux pourquoi « la Loi qu'enseigne

le Bouddha est celle de la Disposition générale des choses (*dharma*), qui sont elles-mêmes des dispositions naturelles desquelles naît la douleur et qu'il faut connaître en leur essence et leurs modes de production pour pouvoir échapper à leur emprise[2] ». A une loi de détermination causale, répond la « Loi » de la Doctrine, le corps de la Loi (*dharma-kaya*), la Loi de la Voie propre vers l'Eveil. A une forme rigoureuse, et universelle de lien structurel, tenant sous son emprise tous les êtres, le Bouddha réplique par l'annonce de la « Loi » qui mène à la cessation de l'illusion et de la souffrance. Cette Loi prend son socle sur la notion d'Eveil, notion qui synthétise non seulement l'objectif, mais également le sens même de la Doctrine. A ce titre la Loi, de par son équivalence, est rigoureusement synonyme de la Voie. Ce n'est pas pour rien d'ailleurs qu'est rappelé très souvent que la Loi constitue, avec le Bouddha et la Communauté (*sangha*), l'un des Trois Joyaux de la Doctrine (*tri-ratna*).

On aura soin tout de même de préciser ici, tant son influence est grande au sein du bouddhisme Mahâyâna, que le Ch'an, de par sa méthode originale qui lui est caractéristique, c'est-à-dire, selon l'expression même de Bodhidharma : « Une transmission spéciale en dehors des Ecritures », ne considère pas le *Dharma* du Bouddha (*Buppô*, jap.) comme une doctrine rationnelle pouvant être enseignée de manière classique ou commune. Pour le Ch'an, la Vérité relève d'un ordre insaisissable à l'intelligence discriminante ; seule l'intuition directe, l'illumination subite de l'Eveil (*satori,* jap.), permet d'appréhender véritablement l'authentique réalité de l'être. On entend d'ailleurs dire très souvent que, pour le Ch'an et le Zen, celui qui a réalisé l'Eveil est semblable à « un muet qui aurait eu un rêve ». Le satori semble bien être un véritable *mysterium ineffabile*, une forme radicalement insaisissable de compréhension, par-delà toute conceptualisation, où tout discours logique classique apparaît comme vain et inutile. Dans cette optique, l'être est préservé dans son indicibilité supraconceptuelle ; indicibilité qui ne comporte aucune possibilité de traduction positive. Pour le Ch'an / Zen, la vérité de l'être est inexprimable, elle est au-delà de l'expérience personnelle ; elle consiste en un renversement catégorique du mode habituel de présence au monde. Ce qui est réalisé par l'Eveil relève uniquement de l'Eveil lui-même. Forme unique d'accès à ce qui ne comporte aucun accès, le Ch'an et le Zen, de par leur attitude et leur méthode, sont les dignes héritiers de la pensée nâgârjunienne, non pas en se souciant d'approfondir conceptuellement, certains diront, non sans raison, en pure perte, la théorie de la vacuité, mais dans un esprit pratique et concret, en l'incarnant dans une méthode rigoureuse de libération effective du dualisme.

Toutefois, selon l'enseignement premier du Bouddha, exprimé avec clarté, la loi de causalité, dite aussi loi de disposition naturelle dont provient la douleur, placée au cœur de toute existence, frappe de son déterminisme la totalité des formes vivantes ; son universalité est sans partage, elle s'applique sans aucune limite à l'ensemble des étants. Bien évidemment une multitude de lois régissent le monde, les lois de la nature en premier lieu, celles qui président au devenir organique et inorganique du cosmos, les lois de la pensée, les lois sociales, etc. Cependant, les lois de chaque domaine de la réalité possèdent des traits communs qui se situent dans le cadre de la notion de loi, dans son sens le plus large. Quels sont donc ces traits ?

Une loi est avant tout un rapport, une connexion entre les êtres. Mais une loi n'est pas une connexion quelconque, c'est un rapport stable qui se répète, elle caractérise une liaison générale entre les phénomènes, elle a la nature de l'universel, elle imprime aux choses un cours strictement déterminé. La loi est en fait un rapport *nécessaire*, dans le sens où l'on qualifie de « nécessité » tout processus qui ne peut manquer de se produire dans des conditions données. Nous touchons d'ailleurs ici au problème de l'étroite interdépendance entre la loi et la nécessité, qui occupe toute la problématique doctrinale de l'enseignement du Bouddha. Cet aspect particulièrement caractéristique de la Doctrine du Bienheureux demande une vigilante attention et un examen rigoureux, car il constitue l'axe du corpus analytique de sa pensée.

Retenons, pour l'instant, qu'est qualifié de *nécessaire* tout processus qui ne peut manquer de se produire dans des conditions données. Ainsi par exemple, si les phénomènes n'étaient pas conditionnés nous ne pourrions pas parler de loi vis-à-vis de leur production. Professant le principe du déterminisme universel, Nâgârjuna, à la suite du Bouddha, entendra par là la loi, la relation nécessaire entre tous les phénomènes qui, par son exercice constant, lie causalement leur réalité effective ; « tout ce qui a la nature de l'apparition, tout cela a la nature de la cessation » (*Majhima-nikâya*). Nâgârjuna réaffirmera que « c'est la loi de production conditionnée que nous entendons sous le nom de vacuité. C'est là une désignation métaphorique, ce n'est rien d'autre que la Voie du Milieu[3] ». Est-il donc, pour être clair, affirmé que tout ce qui se produit résulte jusque dans les moindres détails d'une détermination, d'une *nécessité* naturelle inéluctable ? Cela ne fait aucun doute, si on comprend bien évidemment qu'il est question d'une détermination de condition (la finitude de notre nature, les limites imposées par la réalité, les enchaînements réciproques, etc.).

Telle est la pensée, en tout point conforme à l'enseignement historique du Bouddha, du *Mâdhyamaka-kârikâ* de Nâgârjuna. Est *nécessaire*, pour lui, ce qui découle de la réalité des choses et des êtres, et précisément cette nécessité porte justement sur la « conditionnalité » universelle des phénomènes, en quoi consiste la vacuité. La nécessité apparaît ici comme un principe au sens exact où l'entendra saint Thomas d'Aquin : « Un principe est ce dont quelque chose procède, de quelque manière que ce soit[4]. » Un principe est, de la même manière, selon Nâgârjuna, ce dont dépendent les phénomènes dans leur existence.

Le principe ou la loi ne sont pas transcendants à la réalité sensible, phénoménale, ils en constituent les rapports structurels, internes, essentiels. Hegel le redira dans un étonnant parallèle : « La loi ne se trouve pas en dehors, au-delà du phénomène, mais lui est directement immanente ; le règne de la loi est l'image calme du monde existant ou phénoménal[5]. » Le bouddhisme repose également en cela, non pas sur une conception idéaliste d'un rapport au divin, mais sur l'objectivité concrète d'une prise en compte des lois du réel. Reconnaître, pour le bouddhisme, que les phénomènes, dans leur être, sont dépendants radicalement de causes, c'est reconnaître inévitablement que la nécessité, en tant que principe, règne dans le monde, que la nécessité fait loi.

La nécessité, qui peut se résumer à l'affirmation de la détermination sous laquelle se trouvent soumises toutes les formes vivantes, sera toujours exposée avec force dans l'enseignement du Bouddha, mais recevra, comme élément d'équilibre, et cela dès les textes les plus anciens, la possibilité, offerte au cœur même de la détermination, de vaincre la loi de nécessité : « Tout ce qui est soumis à la loi de l'origine est complètement soumis à la loi de cessation. » Ainsi, par une étrange réciprocité, qui s'épanouira brillamment avec Nâgârjuna, le *dharma*, en tant que loi de détermination causale et origine de la douleur, est également, aussi surprenant que cela puisse paraître, l'essence de la Loi de la Doctrine. L'enseignement du Bouddha n'est pas, comme nous pouvons nous en rendre compte, différent de la loi immanente de l'uni-

vers : l'Eveil n'est pas différent de l'impermanence
(*samsâra*), « le cycle ne se distingue en rien de l'au-
delà des peines (*nirvâna*). L'au-delà des peines ne se
distingue en rien du cycle » (*MK*, XXV, 19). La dialectique de la non-substance fonctionne et agit conti-
nuellement en interdépendance des contraires ;
vertigineuse et infinie unité dialectique du *dharma*
éternel.

II. De l'ontologie négative à la négation de l'ontologie

Insister, comme le bouddhisme, sur le fait que le
principe de nécessité soumet à l'apparition et à la disparition tout être par le simple fait qu'il est existant,
c'est sous-entendre, induire que, portant en lui-même
les germes de sa propre destruction, chaque être se
tient dans sa vie comme étant déjà mort ; les germes
de la vie sont les germes de la mort. La causalité
atteint, de cette manière, un statut moteur au centre
de l'argumentaire de la Voie ; les liens de causalité,
en déterminant de façon implacable la moindre forme
vivante, déterminent également à la disparition et à
la cessation l'ensemble du créé. Le principe n'est donc
pas extérieur au principe, tout est conditionné, tout
prend racine dans cette « production conditionnée »
(*pratîtya-samutpâda*), qui régit la totalité du vivant.
Tout se trouve engagé, irrémédiablement, dans une
relation d'interdépendance absolue, tout est déter-

miné par la loi universelle de non-substantialité. Inexorablement donc, notre acte d'être est déjà une préfiguration effective du ne-plus-être, et le ne-plus-être est parallèlement la forme effective de l'être : « L'être pur et le néant pur, c'est donc la même chose[6] » ; comme un écho lointain à la pensée de Nâgârjuna, Heidegger, dans son ambitieuse tentative de dépassement de la métaphysique occidentale, rejoint sans s'en douter l'intuition majeure de la Voie du Milieu. Cela n'est pas pour nous surprendre, lorsque l'on sait avec quelle énergie Nâgârjuna a lui-même combattu l'ontologisme brahmanique. Mais Nâgârjuna ira plus loin encore puisque, plus qu'une simple critique de l'ontologisme, il tente de montrer en quoi le plein exercice de la loi d'impermanence entraîne en réalité l'impossibilité d'affirmer l'existence même ! « Que l'être (*bhâvâ*) existe réellement (*svabhâvena*), c'est impossible, ou alors il faudrait admettre que l'être devient non-être » (*MK*, XXI, 17)[7].

Pour Nâgârjuna, être, au sens d'existant, c'est exister en dépendance, c'est être causé, c'est-à-dire ne pas être. Or, il n'est pas possible que l'être devienne du non-être : « Pour qu'un être, humain ou autre, puisse être accepté comme existant, il faudrait, pour satisfaire aux exigences contradictoires des antinomies nâgârjuniennes, qu'il fût à la fois éternel (*çâvata*) et sujet à la destruction (*uccheda*), car, s'il n'est pas éternel, il est déjà annihilé, et s'il n'est pas déjà annihilé, c'est qu'il était éternel » (*MK*, XXI, 14)[8]. L'affirmation de Nâgârjuna ne manque pas de force : « L'être ne saurait sortir de l'être ni du non-être, pas plus que

le non-être ne saurait sortir de lui-même ou de l'être »
(*MK*, XXI, 12)[9]. Cela signifie tout simplement que
l'être ne peut provenir de l'être antérieur à lui-même
sans que celui-ci disparaisse, car il y aurait à ce
moment-là non une production mais une continuité.
Cependant, dans le cas contraire, si l'être initial ou
antérieur venait à disparaître en engendrant l'être produit, on se trouverait en face d'un être qui surgirait
du non-être, ce qui est totalement impossible : « Du
rien rien ne vient[10]. » Effectivement, surgir du néant
c'est ne pas surgir du tout, puisque le néant est une
pure absence. Le néant n'est pas un état, le néant
« n'est » que néant. Pour venir à l'être, ce que l'on
implique en parlant d'une création, il faudrait qu'il y
ait déjà de l'être, et c'est justement cet être qui fait
défaut. Nâgârjuna en conclut donc : « L'être ne peut
sortir de lui-même ni d'autre chose, donc il ne peut
se produire » (*MK*, XXI, 13)[11]. Ainsi, en partant de
l'analyse du principe de nécessité, Nâgârjuna, par
l'exercice d'un stupéfiant outil dialectique, parvient à
démontrer l'impossibilité logique de l'affirmation de
l'être. Son argumentation, souvent d'une grande habileté, interdit absolument la formation d'une certitude
ontologique. Le socle métaphysique de l'ontologie
classique est brusquement projeté dans un abîme sans
fond, abîme qu'il est impossible de pouvoir combler
par des moyens rationnels. On n'est donc pas surpris
de retrouver sa négation de l'ontologie (qui n'est en
rien une ontologie négative, c'est-à-dire une théorie
du *rien* comme être, ou de l'être comme *rien*) dans la
définition même du Bouddha : « L'être propre

(*svabhâva*) du Bouddha consiste à ne pas avoir d'être propre (*asvabhâva*), en quoi son être propre est identique à celui du monde » (*MK*, XXII, 16) [12].

La définition du Bouddha s'appliquant également à tous les êtres, c'est la totalité de l'existence qui est, à son tour, dénuée d'être propre ; ce qui en toute rigueur de terme signifie que l'être n'est pas lui-même caractérisé par l'être. L'absence d'être propre est la définition exacte de la vacuité, dont on ne peut absolument pas faire une base pour asseoir une essence. Sur le vide on ne peut rien fonder ; le vide et l'absence d'être ne sont pas un état dans l'être, ou à l'intérieur de l'être, c'est bien plutôt d'une totale hétérogénéité qu'il faudrait parler, d'un tout autre mode de présence/absence. Ne pas posséder de nature propre, c'est ne pas participer réellement de l'être, c'est ne pas être et ne pas être tout autant ce ne-pas-être. Négation de la négation, qui n'aboutit même pas à une affirmation, puisque cette dernière est évidemment impossible au sujet de ce qui jamais et en aucune manière ne possède de nature propre. La nature du vide est tout simplement de ne pas avoir de nature. L'épreuve du délaissement ontologique, à laquelle nous convie Nâgârjuna, est une épreuve exigeante, elle oblige à quitter radicalement et définitivement le domaine de la qualification existentielle. L'ordre du jugement est donc profondément bouleversé, dans la mesure où nous avons pour habitude d'évaluer les êtres à l'aune de leur niveau de présence ou de hiérarchie dans l'être. Les degrés d'être, « les états multiples de l'être [13] », sont pour Nâgârjuna, en ultime et dernière analyse, réduits à une seule et brutale considération générale : l'absence de nature essentielle (*asvabhâtha*), qui a pour unique nom vacuité. L'universelle inter-causation, la contingence, plongent les êtres dans la « momentanéité » (*ksanabhanga*) [14], momentanéité fugitive et fragile du paraître (et non de l'être), consti-tuant les raisons spécifiques du refus ontologique nâgârjunien. La momentanéité n'est finalement que la loi de nécessité traduite en termes de temps, c'est l'image du temps en son paraître, en son non-être, en son non-temps.

III. L'être et le temps

Point n'est besoin, pour en saisir toute l'importante portée métaphysique, de trop insister sur le sens de cette intuition au sujet de l'identité dans l'imperma-nence entre l'être et le temps. Le problème pour Nâgâr-juna consiste en cette affirmation si l'être n'a aucune substance véritable, le temps lui-même ne peut trouver à exister authentiquement, « si le temps dépend des choses, comment existera-t-il en l'absence des choses ? (Si) aucune chose n'existe, comment le temps existera-t-il ? » (*MK*, XIX, 6). La réfutation du temps selon son entité propre s'opère par la réfutation de la subdivision du temps en trois séquences (passé, présent, futur), séquences dénuées d'être car vides de substance propre : « Si présent et futur dépendaient du passé, présent et futur existeraient dans le passé », « Si présent et futur existaient dans le passé, comment présent et futur en dépendraient-ils ? » (*MK*, XIX, 1-2).

Si l'être est dépourvu d'existence réelle, le temps ne peut trouver à se fixer, à s'établir, sur l'une quelconque de ses trois dimensions. Or, s'il lui est impossible de se fixer, de prendre prise sur l'un de ses aspects, le temps ne peut prétendre exister pleinement. Si le temps ne peut être qualifié que par son inconsistance ontologique, comment, dit Nâgârjuna, nommer un temps qui n'existe pas ? « On n'appréhende pas un temps variable, et puisqu'un temps invariable ne peut être appréhendé, comment désignera-t-on un temps non appréhendé ? » (*MK*, XIX, 5). Un temps auquel on ne peut fournir de nom, qui n'est en fait l'élément palpable d'aucune situation, est un temps inexistant, ce n'est même pas une absence de temps, c'est un non-temps, une pseudo-représentation du temps, une chronologie imaginaire fondée sur l'évanescence et la disparition. La continuité expérimentable des êtres ne peut prendre son appui sur l'affirmation du temps, elle déroule son absence de nature au sein de l'impermanence. La fuite du temps n'est même pas un devenir, devenir par lequel une chose deviendrait ce qu'elle n'est pas ; non, la fuite du temps c'est la non-existence du temps ; l'insubstantialité de l'être entraîne, implique, impose, la non-existence du temps.

Dans une autre perspective, pour saint Thomas, le temps est solidaire du mouvement, ce qui explique son caractère continu. Cependant, de par le fait que le mouvement est appréhendé en tant que distingué entre l'avant, l'après et le pendant, le temps est perçu comme nombre dans le mouvement : « Puisque dans tout mouvement il y a succession et une partie après l'autre, du seul fait que nous nombrons dans le mouvement l'avant et l'après, nous avons la perception du temps qui ainsi n'est rien d'autre que le nombre de l'avant et de l'après dans le mouvement [15]. » Or le nombre, c'est-à-dire ce qui permet la mesure, n'est en tout état de cause que la mesure du mouvement de l'être, de l'être concret existant. Le nombre ne peut donc trouver un champ d'application sur du vide, de l'inexistant ; il énumère un changement, une succession, une continuité ou une fin dans l'être. Le nombre décrit un processus propre au vivant, il décrit le processus de la génération, comme celui de la corruption, il est intimement lié au devenir de l'être. De l'être, il manifeste le changement et l'évolution, il en constate les modifications. Toutefois, il importe pour Nâgârjuna que l'être puisse être préalablement reconnu comme tel avant qu'il soit possible de lui concéder une forme quelconque d'attribution, et c'est précisément ce qui constitue le fond du problème, car loin d'être reconnu, l'être bien au contraire est nié, l'être est destitué de son attribut majeur : la réalité.

Négation catégorique

Ainsi, si l'être cesse d'être affirmé, s'il est nié, si l'être n'est plus reconnu dans les formes mêmes qui prétendaient témoigner de sa réalité, alors l'étroite imbrication de l'être et du temps est vidée de toute substance. « Etre, en tant que présenteté (*Anwesenheit*), dit Heidegger, est déterminé par le temps [16]. » La donation, qui joue un rôle central dans la relation du temps à l'être à l'intérieur de la perspective du philosophe allemand, prend une dimension première avec ce qu'il nomme la résolution anticipante, forme concrète du souci de l'être-vers-la mort : « La résolution anticipante constitue l'être originaire de l'être-là (...) le sens profond de la résolution anticipante, et donc de l'être de l'étant que nous sommes, réside dans la temporalité. Etre pour l'être-là, c'est être temporel [17]. » Cependant cette résolution anticipante, ce sentiment de la mort, deviennent inaptes à réaliser la subsistance ontologique d'une réalité, lorsque l'être est délogé de sa matérialité existentielle.

D'autant plus que la puissance fondatrice de l'être est située au cœur du principe de causalité des catégories, « catégories » sous l'appellation desquelles la métaphysique désigne les genres suprêmes de l'être, c'est-à-dire, outre la substance (qui correspond approximativement à ce qui s'avère apte à exister en soi-même et non dans un autre, et qui se divise en substance première : le sujet concret individuel, et la substance seconde : l'essence abstraite du sujet), également les neuf accidents ou prédicaments : quantité, qualité, relation, action, passion, lieu, temps, situation et possession. L'existence d'êtres substantiels est admise tant chez Aristote que chez saint Thomas, pour lesquels c'est un fait d'évidence qu'impose l'expérience immédiate du créé.

La substance est ce qui par-delà les changements suppose la permanence d'un substrat de nature déterminée : « Tout changement qui n'affecte pas la nature la plus profonde des choses suppose la permanence de cette nature, c'est-à-dire la substance[18]. » Cependant la substance n'est pas de même nature en fonction des êtres dont on parle. Aristote distingue les êtres au sens premier qui ont l'existence par eux-mêmes, et ceux, contingents, qui ont l'existence en la recevant. Seul l'Etre premier possède l'existence en soi (*en a se*), il est donc existant par soi (*per se*), d'où l'appellation de *perséité* ; l'existence même (*ipsum esse*) est donc dans son unicité existante en soi, on dira qu'elle est douée d'*aséité*, les êtres qui ne possèdent pas cette faculté se caractérisent par l'*abaléité* (propriété d'être *ab alio*), c'est-à-dire par autre chose qu'eux-mêmes. Au sein de ces êtres certains toutefois existent en soi, tout en existant par le biais de l'Etre premier : ce sont les substances caractérisées par l'*inséité* (propriété d'être en soi). On peut donc dire que « le premier effet est l'être même, qui est présupposé à tous les autres effets, et ne présuppose pas d'autres effets[19] ».

L'être est ainsi, traditionnellement, le déterminant formel, le premier en tant qu'initial pur, dont tout dépend. Ce lien en dépendance présente le double intérêt de maintenir les catégories dans l'activité de leur source originelle et, auxiliairement, de faire de ce lien en dépendance un lien ontologique véritable. De la sorte, l'autonomie des catégories ne peut plus être qu'un rêve illusoire, les catégories, qui sont considé-

rées habituellement comme les modes analogiques de
l'être, qui constituent même le cas typique de l'analogie d'attribution, perdent absolument toute prétention d'effectivité si, bien entendu, l'être qui les sous-
tend vient à manquer. Il nous faut donc considérer
que les catégories n'existent pas d'elles-mêmes, elles
n'existent que par l'être qui les détermine. Soulignons
rapidement que les catégories relevant du mode de
l'accidentel prédicamental sont toutefois à distinguer
de l'accidentel prédicable qui ne correspond, lui, qu'à
un mode logique et non analogique d'attribution. La
relation du temps à l'être est donc clairement une
relation en dépendance. Ceci précisé, il devient aisé
de comprendre que l'être est l'acte premier dont tout
provient ; de ce fait un temps qui serait détaché de
son rapport à l'être n'est plus qu'une formule de langage, une convention de vocabulaire vide de signification concrète.

La négation du temps

Nâgârjuna, en toute rigueur logique, juge donc
nécessaire de cesser d'affirmer l'existence du temps de
par sa critique en négation de l'ontologie. La négation
de l'ontologie entraîne la négation de la chronologie ;
sans être, pas de continuité et de stabilité, pas de
devenir, et sans stabilité pas d'être véritable. C'est de
la négation première de l'être que Nâgârjuna infère la
non-existence de l'ensemble des catégories d'attribution, et en particulier l'existence du temps.

La temporalité de l'être, qui relève d'ailleurs d'une belle constance axiomatique à travers l'histoire de la philosophie et de la pensée, se verra donc chez Nâgârjuna singulièrement remise en question. Non pas d'une manière hésitante, mais bien au contraire radicalement. L'analyse maintes fois reprise par Nâgârjuna est d'une rare efficacité : il s'agit de montrer comment toutes les catégories de l'être s'effondrent les unes après les autres, dès lors que l'être lui-même est dépouillé de son prédicat majeur, de son constitutif formel, c'est-à-dire la réalité de sa substantialité. La temporalité, qui rendait possible l'unité existentielle de l'être et du devenir, qui constituait originairement le fondement de la question de l'être, est réduite à une pure facticité — l'être dégagé, vidé de substance propre, est chassé de l'horizon de la pensée. Vidé de ses catégories il n'a plus qu'une attribution, le vide de toute attribution ; même pas un néant, l'être n'est ni lui-même ni autre chose, il n'est pas, sans être non plus, sans pouvoir s'attribuer cette non-existence.

IV. Négation ontologique et non-substantialité

Emu par ce type de tourbillon argumentaire, qui constitue la forme même de sa doctrine, Nâgârjuna s'exprime ainsi dans « La Précieuse Guirlande des avis au roi »[20] : « L'Ambroisie des enseignements des Bouddhas est appelée profonde, une doctrine non

connue allant loin au-delà de l'existence et de la non-
existence » (p. 62). L'ami des Nâga n'hésite pas à mettre en garde ceux qui craindraient de s'engager dans
la doctrine du vide : « Effrayés par cette doctrine sans
fondement, se complaisant dans un fondement, n'allant pas au-delà de l'existence et de la non-existence,
les êtres sans intelligence se perdent », « Craignant la
demeure sans crainte, perdus, ils perdent autrui »
(pp. 76-77). Insistant plus encore, de façon à
convaincre son auditeur, Nâgârjuna déclare : « Comment ultimement le monde pourrait-il exister pourvu
d'une nature qui est allée au-delà du passé, du présent
et du futur, ne s'en allant pas lorsque détruit, ne
venant ni ne demeurant, serait-ce pour un instant ?
Puisqu'en réalité il n'est ni venue, ni aller, ni permanence, quelle différence ultime y a-t-il alors entre le
monde et le *nirvâna* ? » (pp. 63-64). Poser la question
c'est déjà y répondre, c'est pourquoi avec beaucoup
de calme Nâgârjuna poursuit : « S'il n'est pas de permanence, il ne peut y avoir de production ni de cessation. Comment dès lors production, permanence et
cessation pourraient-elles ultimement exister ? » (p.
65).

Sans être, sans substance propre pouvant s'appli-
quer à aucune chose existante, il n'est ni naissance ni
mort, c'est-à-dire ni être ni non-être. L'absence de
nature propre est synonyme de non-existence de l'être
et du non-être ; de la sorte, point de production et
point de cessation, pas de *samsâra* ni de *nirvâna*. En
ultime conséquence, le refus ontologique nâgârjunien
aboutit à la négation des dualismes et des contradic-

tions ; Sans être pas de temps possible, ni de non-temps, pas d'apparition ni de disparition ; sans apparition ni disparition, pas de production ni de cessation ; sans production ni cessation, pas de *samsâra* ni de *nirvâna*. La négation ontologique est finalement le résultat évident de la plus haute forme de compréhension du principe de non-substantialité.

V. Le non-être comme vide de substance propre

La nécessité originelle, comme nous venons de le voir, relève donc des lois dont découlent l'ensemble des rapports existentiels ; c'est pourquoi toutes les lois sont à ce titre, et en tant que principe, la manifestation de la nécessité à laquelle sont subordonnés les phénomènes. La causalité efficiente de la nécessité est la forme d'une détermination, comme nous essayons de le démontrer, qui peut parfaitement être assimilée au principe de non-substantialité ; si l'on veut bien admettre, tel que le fait le bouddhisme en général, et Nâgârjuna en particulier, que le devenir contingent de l'être soit synonyme de non-être. Alors, en guise d'être il n'y a strictement rien, un vide, le non-être. Non-être n'est d'ailleurs pas à prendre ici, rappelons-le, en tant que néant, mais en tant que vide de substance propre, sujet à la disparition et à la mort : « Tout ce qui est sujet à la naissance, tout cela est sujet à la disparition » (*Mahavagga Vinaya Pitaka,* I,

6, 29). Le « Tout est douleur », première des Quatre Nobles Vérités du Bouddha, est donc déduit du caractère transitoire et éphémère de l'existence. Effectivement la contingence des êtres créés démontre plus qu'il n'est nécessaire la non-identité constitutive, le « non-soi » (*anâtman*) dont les étants sont viscéralement frappés.

L'impermanence, véritable « moteur dialectique » de la théorie du non-soi, peut être regardée de ce fait comme l'essence de la pensée profonde de la doctrine bouddhique. Les choses et les êtres sont dépourvus de substance propre car ils sont engagés à l'intérieur du grand mouvement du devenir universel. La vacuité pour le Bouddha n'est rien d'autre que le devenir, la fluidité universelle de la réalité, sa transformation perpétuelle à travers le cycle de la vie et de la mort. Le prince Gautama montre qu'aucune chose ne reste identique à elle-même, qu'il ne peut exister d'égalité à soi-même, morte, figée, immobile. Toute chose, au contraire, est en devenir, comme unité dialectique de l'être et du néant, de l'être et du non-être. Hegel, bien des siècles plus tard (et dans un « climat » intellectuel [21] très différent bien évidemment), développera ce principe essentiel de la dialectique en rendant hommage à Héraclite et en critiquant ce qu'il nommait « le système d'identité » : « Le profond Héraclite a opposé à cette abstraction simple et unilatérale le concept total et supérieur du devenir en disant : l'être n'est pas plus de chose que le néant, ou encore : tout coule, ce qui équivaut à dire, tout est en voie de devenir, tout devient [22]. » La vie est le mouvement, et le mouvement est douleur, « celui qui voit *dukkha* voit aussi la naissance de *dukkha*... » (*Samyutta-nikâya*, II,1.) On peut, à la lumière de ce qui vient d'être dit, considérer l'enseignement du Bouddha comme une des plus grandes révolutions métaphysiques de l'histoire, en ce sens qu'il fut le premier à reconnaître que l'être et le non-être ne sont que des abstractions sans vérité, que la première vérité est le devenir, au sens de non-permanence. L'importance de ce point de départ est considérable, car il permet un accès direct à la compréhension du fait que l'être et le néant sont une seule et même chose. Etre et néant sont montrés comme constituant un couple indissoluble, l'un ne peut exister sans l'autre, « la clarté absolue ne diffère en rien de l'obscurité absolue [23] ».

Si un terme résume bien, en lui-même, l'esprit de la pensée originale et novatrice du Bouddha, c'est certainement celui d'impermanence. Or cette notion, que Nâgârjuna, à la suite de tous les docteurs de la Voie, a souchée, pourrions-nous dire, sur celle de production en dépendance, ou également nommée : « co-production conditionnée » (*pratîtya-samutpâda*), signifie que toute forme d'existence résulte d'un mécanisme déterminant de causes et de conditions (*hetu-pratyaya-sâmagrî*). Ceci explique pourquoi Nâgâjurna affirme : « C'est la coproduction conditionnée que nous entendons sous le nom de vacuité. C'est là une désignation métaphorique, ce n'est rien d'autre que la Voie du Milieu » (*MK*, XXIV, 18) [24].

La loi de coproduction conditionnée débouche en réalité sur le constat du fait qu'il n'y a pas d'essence

ni de substance derrière les choses : « Qui voit la production en dépendance voit la souffrance, l'origine de
la souffrance, la cessation de la souffrance, et la Voie »
(*MK*, XXIV, 40). Nâgâjurna dira d'ailleurs que la
doctrine du Bouddha n'est en ultime analyse qu'une
affirmation du vide, de la vacuité (*sûnyatâ*) : « Ce
constat est tellement essentiel au bouddhisme qu'on
peut penser que, dans le cas contraire, le Sermon de
Bénarès eût tourné court, nous dit Guy Bugault, le
constat de la douleur universelle (*sarvam duhkham*) se
trouvant privé de son fondement. C'est dire, poursuit-il, combien le rejet de l'identité, personnelle ou
dans les choses, tient une place organique dans la voie
bouddhique : à son point de départ comme motif de
conversion, à son terme comme accomplissement [25]. »

La vacuité de l'existence s'exprime par la totale
absence de substance résidant derrière les choses et les
êtres. Tout est vide d'être — le réel est un néant
d'être, une absence —, c'est l'être absent du monde
qui est le monde réel de l'être. Nulle base, nul socle
sur lesquels faire reposer une essence, « tout ce qui
existe devient, et ce qui devient n'est ni soi ni
autre [26] ».

4.

La doctrine de la vacuité (*sûnyatâvadâ*)

Aborder la doctrine de Nâgârjuna, c'est inévitablement aborder les mécanismes complexes de la pensée du maître indien. Cependant, un simple déploiement des concepts utilisés, une traditionnelle consultation des idées exposées, s'ils sont de première importance afin de cerner correctement la spécificité argumentaire du penseur de la vacuité, ne permettent pas toujours de percevoir les conséquences et la portée véritable des thèses exprimées. Il est donc particulièrement intéressant, en ce qui concerne Nâgârjuna, de poursuivre notre approfondissement théorique au cœur même du système si original de la Voie du Milieu.

Pour ce faire, nous allons simplement essayer d'éclairer d'une lumière plus vive la réflexion mise en œuvre dans l'entreprise théorique de la doctrine du vide. Nous commencerons par une forme de déclinaison des thèses nâgârjuniennes, qui empruntera à Nâgârjuna lui-même la méthode et le mode de leur apparition au sein du discours du « Traité du Milieu ». Il convient donc de se pencher en premier lieu sur ce qui figure comme un point central dans l'appareil dialectique de Nâgârjuna : la notion de production en dépendance, de laquelle découle d'ailleurs l'ensemble du corpus théorique de la doctrine nâgârjunienne.

I. La vérité manquante de l'être absent

La production en dépendance, ou encore « coproduction conditionnée », est la conception clé de la pensée de Nâgârjuna, en elle prend naissance la quasi-totalité des thèses spécifiques de la doctrine de la vacuité. L'analyse nâgârjunienne a ceci de spécifique qu'elle considère que les choses qui se produisent (*utpadyante*) en dépendance (*pratîtya*), c'est-à-dire qui sont issues d'une cause conditionnelle, sont dites et définies comme vides, dépourvues d'une nature propre. Pour la pensée mâdhyamika, la vacuité n'est, sous cet aspect, rien d'autre que l'interdépendance universelle, l'intercausalité qui soumet l'ensemble des étants au sein d'une contingence générale. L'existence, intimement, n'est qu'un néant foncier, une structure momentanée d'agrégats multiples destinés à la mort. A ce titre, il est tout à fait significatif de voir à quel point la conscience particulièrement vive de la conditionnalité et de l'impermanence a conduit les docteurs bouddhistes, et plus particulièrement

Nâgârjuna, à affirmer l'absence de nature propre des choses et des êtres. A l'intérieur de leurs démonstrations, rien ne put faire figure d'exception, rien ne put échapper à la loi d'airain de la détermination limitante de l'existence. La contingence, qui en climat hellénistico-chrétien sera l'un des arguments principaux de la preuve de l'existence d'une Cause première, d'un Etre-Acte pur que la religion nommera Dieu[1], deviendra chez les penseurs bouddhistes un principe universel sous la domination duquel toute vie est contrainte de se soumettre. Et lorsque nous disons toute vie, c'est effectivement d'une totalité qu'il est question, puisque de l'ensemble des existences créées, incréées, humaines, divines, etc., pas une n'échappe au règne de la loi d'impermanence, pas une qui, par quelque modalité inexpliquée, par quelque règle spéciale, pourrait prétendre déroger à la loi universelle de la production et de la disparition ; aucune cause qui soit sans cause. Tout, absolument tout est soumis au principe général de contingence et d'impermanence. Cette universalisation fonctionne comme une brutale et radicale sentence, condamnant toute vie au non-être, toute essence à l'absence de nature propre, ce qui implique l'affirmation sans appel déclarant : il n'existe pas, et d'aucune manière, quelque chose qui soit constitué de réalité véritable.

Ni être ni non-être

Les choses, dépourvues d'être propre, sont donc non seulement sans essence, mais également non substantielles ce qui, clairement, signifie qu'elles sont inexistantes. Cependant si les choses n'existent pas, devons-nous en conclure qu'il n'y a que du néant ? « En aucune manière, répond ingénieusement Nâgârjuna, car si l'être n'est pas, de quoi le non-être serait-il le non-être ? Une négation ne se pose qu'en s'opposant à un positif. Le positif une fois radicalement éliminé, le négatif n'a pas de prise logique[2]. » Nâgârjuna tout à la fois refuse l'ontologisme et le nihilisme, il se situe au milieu, sans position, ni dans l'être ni dans le non-être, ni dans l'affirmation ni dans la négation. Si Nâgârjuna refuse de soutenir un point de vue, ce refus, interrogeront certains de ses adversaires, ne présente-t-il pas lui-même un point de vue ? Pas le moins du monde, rétorque Nâgârjuna, car de moi-même je ne dis rien, ni oui ni non, je ne parle qu'en négation de tous les points de vue, même de l'absence de point de vue.

Alors ne reste-t-il pas au moins le sujet pensant qui, lui, effectue cette négation, ne reste-t-il pas cette absence de point de vue, qui est encore une vue, une opinion mentale, poursuivent les contradicteurs ? « Pas même, répond Nâgârjuna, car si le sujet connaissant existait, il devrait être dans l'être ou dans le non-être : puisque ces deux états ont été déclarés inadmissibles, le sujet pensant l'est aussi[3] », le sujet pensant est donc également délogé de son existence, « les éléments des choses, les *dhâtu* (...) sont déclarés ici ni existants ni inexistants, ni conditionnés ni inconditionnés : pareils en somme à l'*âkâça*, à l'espace vide, à la pure vacuité (*sûnyatâ*) [4] ». Affirmer la vacuité interdit, empêche que l'on admette la réalité d'un support permanent, d'une réalité véritable, cette vérité serait-elle elle-même une réalité mentale que cela ne changerait rien au problème. Le sujet pensant, pas plus qu'aucune autre chose, et peut-être moins encore s'il se peut, ne peut revendiquer une existence réelle. L'esprit n'a pas plus de réalité que les phénomènes ; le sujet pensant ne pouvant s'établir ni dans l'être ni dans le non-être, il n'est donc nulle part. L'esprit ne séjourne pas sur une hauteur à partir de laquelle il pourrait juger des choses en étant dégagé, hors d'atteinte de la non-substantialité. Sujet et objet, observant et observé, tous sont également et au même titre soumis à la détermination de la contingence universelle. Il n'est donc pas possible d'instaurer, de supposer une position de pure contemplation du spectacle, position à l'intérieur de laquelle aurait son séjour le sujet pensant, isolé royalement des contraintes de l'accidentalité. Il convient plutôt de souligner qu'il n'y a pas d'extériorité possible ; nul statut privilégié, préservé de l'emprise de la loi de dépendance, pas de position de repli, pas de cause incausée, pas d'altérité au sein de la réalité. Toutes les réalités sont impermanentes, avait déjà déclaré le Bouddha, l'impermanence est la réalité du Tout, rajoute avec force Nâgârjuna.

C'est d'ailleurs en se situant dans la logique même de l'impermanence que Nâgârjuna refuse tous les points de vue. A chaque affirmation, dit-il, répond une négation ; le vrai n'est donc nulle part, il ne possède pas de localisation fixe, car le vrai est en n'étant pas, il n'est pas tout en étant, ni il est ni il n'est pas. Le vrai est sans essence, car aucune prise, aucune propriété n'est possible sur ce qui est perpétuellement mouvant et changeant. On ne possède pas le vrai, il se déploie dans son absence, il se donne dans son retrait, il se contemple en tant que voilé. Les conditions de l'affirmation sont les conditions de la négation, il n'y a ni vérité ni non-vérité, mais un simple et vaste mouvement du oui et du non, de l'existence et de la non-existence. L'absence de point de vue n'est donc pas un point de vue, mais une absence de vue, une négation auto-abolitive qui, en s'exprimant, s'annihile elle-même.

Ce regard porté sur l'ensemble des vues, des opinions, est un regard porté dans le même temps sur le monde des existants. C'est une compréhension de l'absence de réalité des phénomènes qui apparaissent au jugement, c'est une pénétration au cœur de la non-substance, au cœur de l'absence de nature propre des réalités phénoménales. Toujours conditionnés, les phénomènes n'ont donc pas d'existence propre, la condition de leur existence est la preuve de leur non-existence. Ni être ni non-être, la production en dépendance est une détermination causale vidant de leurs caractéristiques ontologiques les existants. Naître en dépendance, ce n'est pas naître authentiquement, mourir en dépendance, ce n'est pas authentiquement mourir — ni apparition ni disparition ni vie ni mort —, ce qui est créé en dépendance ou ce qui disparaît en dépendance n'existe pas et ne cesse pas d'exister. Ce qui est vide de substance propre n'est ni pourvu ni non pourvu d'être. Car « si c'est en dépendance de l'être qu'est établi le non-être, c'est en dépendance du non-être que l'être est établi, le non-être étant insaisissable, l'être est imprédicable lui aussi[5] ». Imprédicable, c'est-à-dire non situable, non conceptualisable, en retrait de l'étant et en retrait de lui-même, en retrait également de son retrait, ni dans son retrait ni dans la donation, ni non existant ni existant. En réalité l'être n'est pas dans ce qu'il est, et est dans ce qu'il n'est pas. Inqualifiable car sans qualification positive, il ne cesse d'être absent de son absence, et il ne cesse parallèlement d'être présent dans sa non-présence. Ni être ni non-être, l'existence est donc elle-même non prédicable. Le *sûnyatâ*, c'est la contingence universelle, c'est l'interdépendance universelle des phénomènes.

Exister ainsi pour les existences, c'est ne pas vivre tout en étant existant, c'est exister sans existence réelle, c'est être sans être, c'est subsister sans subsistance ontologique véritable. Ceci implique, et explique également, que la vérité de l'être ne se tienne ni dans le oui ni dans le non, ni dans l'affirmation positive ni dans la négation. La vérité nâgârjunienne de l'être, c'est la non-différence ; sans position stable elle est fondée sur le vide et le non vide, l'absence d'être propre. La vacuité n'est donc pas un principe métaphysique qui prendrait son socle sur une doctrine positive, elle n'est que la pleine compréhension de la non-nature du vide de substance propre. Nâgârjuna ne poursuit pas un but, qui ne serait d'ailleurs qu'un mirage épistémologique consistant à parvenir à une position théorique définitive, fixe, immuable. Bien au contraire, son action théorique a pour effet de détruire, écarter, réduire toutes les opinions au néant. « Pour Nâgârjuna, tout phénomène est vide, en tant que résultante de conditions déterminées. Mais la voie négative elle-même ne peut s'en tenir à la négation. Réaliser la vacuité n'est possible que lorsqu'on a rejeté toute affirmation et toute négation, en tant qu'elles relèvent de la vérité conventionnelle, pour atteindre la vérité ultime[6]. » La vérité ultime de l'être, c'est la vérité manquante de l'être. C'est le silence prononcé sur le rien, l'évocation du vide sur la non-substance. Libre de toute position spécifique, la doctrine de Nâgârjuna est une fluide et libre affirmation de la non-permanence. Ni fixe ni non fixe, ni négative ni positive, la vérité exprimée de l'être chez Nâgârjuna est une vérité sur la non-vérité de l'être, une vérité sur la vérité manquante.

Cette vérité manquante de l'être absent n'est d'ailleurs même pas une forme particulière de néga-tivité, elle est simplement l'expression de la vacuité. Ni voie négative ni voie positive, la doctrine de la vacuité ne fait que proclamer la non-substantialité de toute forme, de toute existence, de toute voie. Nâgârjuna ne fait que constater le vide, son discours en dernière instance ne dit rien, il montre, mais de lui-même il ne dit rien. Sa parole du vide est un vide sur le vide, une absence de point de vue sur l'être et le non-être, un néant sur l'abîme, l'expression du parfait silence.

II. Le non-soi comme vide d'identité de l'être et du non-être

En essayant de montrer en quoi le plein exercice de la loi d'impermanence entraîne l'impossibilité d'affirmer l'existence d'une réalité concrète, l'impossibilité d'affirmer l'existence d'une réalité ontologique véritable, Nâgârjuna met indirectement en lumière une notion qui joue un rôle majeur au sein du bouddhisme : la notion du non-soi. Toutefois, loin de limiter cette notion au classique discours en réfutation d'une existence authentique d'un soi, Nâgârjuna pousse son raisonnement jusqu'à inclure la totalité des existences dans cette inexistence du singulier. Conclure à l'absence d'un constitutif formel que l'on nomme le « soi » n'est pas simplement un exercice de stérile répétition du catéchisme bouddhiste pour Nâgârjuna. Sa pensée, bien au contraire, dans son exigente dialectique, tente une mise en perspective générale d'une affirmation qui lui semble énormément lourde de sens sur le plan de l'analyse de ce qui constitue, de manière ultime, les existences. En disant constitutive, c'est bien évi-

demment une facilité de langage car c'est d'une
absence, c'est d'un vide d'être propre que sont
composés véritablement les êtres, au regard de l'analyse objective.

Mais que peut bien signifier une affirmation de
l'existence du vide ? demandent certains contradicteurs de Nâgârjuna. Le vide ne peut exister puisqu'il
est le vide. Effectivement, répond l'ami des Nâga,
le vide n'existe pas, mais lorsque nous disons des
choses ou des êtres qu'ils sont constitués de vide,
nous disons par là même qu'ils sont et qu'ils ne
sont pas. Affirmer l'existence du vide, c'est affirmer
l'inexistence des phénomènes par le fait qu'ils existent. Dire que les êtres et les phénomènes sont
constitués par une absence, c'est dire qu'en tant
qu'existants ils sont inexistants, c'est dire qu'il n'y
a ni êtres ni phénomènes. Le non-soi n'est pas une
formule visant à indiquer que se cache derrière les
êtres le vide ; non, le non-soi est une façon de faire
comprendre que les êtres, les phénomènes, en tant
justement qu'ils sont des êtres ou des phénomènes,
sont le vide, sont vacuité eux-mêmes. Les phénomènes ne sont pas un voile, une illusion, un masque
du vide. Les phénomènes ne sont pas différents du
vide, et le vide lui-même n'est pas différent des
phénomènes, comme le rappellent fort pertinem-
ment les textes de la *Prajnâpâramitâ*.

D'ailleurs, toute la puissance de ces multiples négations de la négation, et contre-négations de l'affirmation négative, se retrouve condensée, résumée dans un
des textes les plus célèbres de la littérature bouddhi-

que, qui fait d'ailleurs l'objet d'une authentique dévotion et donne cours à de nombreux rituels dans les monastères zen japonais, où il est récité matin et soir : « Le Sûtra du Cœur » (*Mahâprajnâpâramitâ-Hridaya Sûtra*, skrt. ; *Hannya haramita Shingyô*, jap.). Ce sûtra, traduit du sanskrit en chinois dit-on par Sanzô Hôshi Genjo, met en scène un dialogue entre le bodhisattva Avalokitesvara et Sariputra, un disciple du Bouddha. Ce dialogue, bien sûr, n'a pas de réelle historicité, mais cette mise en scène répond à un souci pédagogique évident, celui de permettre la juste compréhension de la vacuité dans toute l'ampleur de son application universelle. Rien n'est épargné dans ce court récit ; des vérités traditionnelles de la vérité mondaine, il ne reste plus aucune trace, tout est vigoureusement balayé lors de son audition. Le texte s'ouvre par une affirmation déterminante : tous les phénomènes (*shiki*) sont non-substance (*ku*), mais la non-substance n'est pas différente des phénomènes. Toute existence est non-substance, toute existence a le caractère de *ku*. Toutes choses faites avec les cinq éléments sont non-substance, dit Avalokitesvara, il n'y a ni ce qui naît ni ce qui périt, ni pureté ni impureté. Ni naissance ni commencement, ni croissance ni décroissance, il n'y a pas non plus de phénomènes dans la non-substance. Pas de sens, pas d'idée, pas de volonté, pas de connaissance. Et les négations s'ajoutent encore aux négations : pas d'œil, pas d'oreille, pas de nez, pas de corps. Pas de voix non plus, mais surtout ni savoir, ni ignorance, ni illusion, ni cessation de la souffrance et donc pas de chemin pour supprimer la souffrance. Pas de contenu du savoir ; tous les Bouddhas, est-il proclamé, c'est-à-dire tous ceux qui réalisent la compréhension de la sagesse, atteignent le *nirvâna*, ce qui en réalité peut également signifier qu'aucun n'y parvient, puisqu'il n'y a rien à atteindre, rien à obtenir, nul *samsâra* à quitter.

On voit bien ici que les phénomènes sont le « vide » en tant que phénomènes, en tant qu'ils sont phénomènes, qu'il n'y a pas d'autre « vide » qui serait une entité constituée, c'est-à-dire qui serait ceci ou cela, tout ce que l'on veut sauf du vide. Le « vide » n'est pas une forme positive qui soit utilisable ou situable dans un espace laissé vacant. Le « vide » est absent de lui-même, et dans cette absence il est parfaitement lui-même, c'est-à-dire non différent des phénomènes. L'absence d'identité propre, c'est la non-substantialité de toute forme, mais toutes les formes sont la non-substantialité, précisément parce que formes.

L'implication d'une telle compréhension théorique est, bien évidemment, de nature à rejaillir sur une infinité de paramètres analytiques. Il ne s'agit pas, pour Nâgârjuna, d'affirmer, dans une sorte d'attitude gratuite, l'identité du vide et de la forme, des phénomènes et de la vacuité, sans qu'il se rende compte des conséquences qu'auront de telles considérations sur le sens même de la doctrine de l'Éveillé. Il en est d'ailleurs à ce point conscient qu'il en arrive à étendre jusqu'aux Quatre Nobles Vérités l'action de la vacuité, en repoussant point par point les affirmations fondatrices de la doctrine exprimées lors du Sermon de Bénarès. Si tout est vide, dit Nâgârjuna, rien n'a besoin d'être libéré car tout est déjà libéré. Tout est déjà, en tant qu'il est, c'est-à-dire vide de contenu, libéré. Si tout est libéré, il n'y a plus de souffrance à vaincre ou à supprimer, ni de libération à atteindre. « La souffrance n'est pas seule inexistante selon les quatre modes ; les choses extérieures également n'existent pas selon les quatre modes » (*MK*, XII, 10). L'architecture argumentaire de son discours ne sera dès lors qu'une absolue et rigoureuse application méthodique des principes de la vacuité appliqués aux opinions et à la réalité dans laquelle nous sommes immergés. La vacuité va fonctionner comme un principe qui balaie absolument toute trace de certitude positive ou négative sur son passage. « L'existence du je, l'inexistence du je, à la fois l'une et l'autre ou aucune des deux sont irrationnelles » (*MK*, XXVII, 13), rappelle Nâgârjuna. D'ailleurs, pour préciser son propos, il revient tout au long des nombreux chapitres de son « Traité » sur la problématique du soi, ou du je, et il y revient pour mieux en faire comprendre les retombées sur les fondements de la doctrine de l'Eveillé. Le non-soi est un révélateur de l'ensemble du système analytique nâgârjunien, il en montre les articulations multiples et l'absence de vue particulière. « Les Eveillés ont mentionné : Le je existe, ils ont aussi enseigné : Le je n'existe pas ; mais ils ont encore proclamé que n'existe aucun je ni non-je » (*MK*, XVIII, 6).

Ni production ni annihilation

Au fond, à la suite de son examen de la non-nature du soi, Nâgârjuna s'exerce à ne plus laisser dans l'ombre le secret même de sa pensée, qui peut se formuler ainsi : « Ni identité, ni diversité, ni anéantissement, ni permanence » (*MK*, XVIII, 11). Le je, le moi, le soi, n'ont pas d'être, ils n'ont donc pas à être détruits puisqu'ils n'existent pas, mais plus encore c'est tout en existant pleinement qu'ils sont alors parfaitement inexistants, car « ce qui apparaît en dépendance d'une chose, cela n'est pas cette chose et n'est pas non plus différent d'elle. Par suite, il n'y ni annihilation ni permanence » (*MK*, XVIII, 10). Dire qu'il y a un soi est une affirmation extrême, dire qu'il n'y a pas de soi est une autre affirmation extrême, affirmation et négation sont également fausses : « Ainsi, ni soi ni non-soi ne sont appréhendés comme vrais. C'est pourquoi le Grand Silencieux a rejeté les vues d'un soi et d'un non-soi » (« La Précieuse Guirlande », 103).

La loi de production en dépendance, qui dominait la théorie nâgârjunienne, qui occupait une place centrale au sein du raisonnement de Nâgârjuna, en arrive à disparaître du moment qu'elle est perçue sous l'angle de la vérité ultime. A cet instant précis se déchire le rideau trompeur qui légitimait les conventions conceptuelles, et explosent, comme en un feu d'artifice, les contradictions argumentaires de la vérité mondaine. Nâgârjuna rappelle qu'au niveau de la réalité ultime, disparaissent permanence et impermanence, disparaissent production ou annihilation :

« Dire existe est une saisie de permanence ; dire n'existe pas est une annihilation. C'est pourquoi les sages ne devraient pas demeurer dans l'existence ou la non-existence » (*MK*, XV, 10). Tout est frappé d'invalidité, car tout est vide et non vide : « On ne peut dire (Celui-ainsi-allé) est vide, ni il est non vide, vide et non vide à la fois ou vide ni non vide. Ces mots ne servent que comme désignations » (*MK*, XXII, 11). En l'absence de nature propre, plus rien ne peut prétendre être ni ne pas être, plus rien n'est déterminé ni déterminant, « l'absence de nature propre de Celui-ainsi-allé est l'absence de nature propre de ce monde » (*MK*, XXII, 16).

Dans leur commentaire des stances du « Traité », Tsongkhapa Losang Drakpa et Choné Drakpa Chédrub mentionnent pour mémoire le sûtra intitulé « L'Ornement de la lumineuse sagesse fondamentale », qui développe la même compréhension que Nâgârjuna effectue au sujet de l'absolue vacuité :

« La nature non née est Celui-ainsi-allé,
Tous les phénomènes sont aussi semblables
   à Celui-ainsi-allé.
Les esprits puérils appréhendent des signes,
Ils errent dans un monde de phénomènes
   inexistants.
Celui-ainsi-allé s'apparente au reflet
Des qualités vertueuses immaculées ;
Il n'existe ici-bas ni ainsité ni Ainsi-allé.
Tous les mondains voient des reflets[7]. »

Rien ne naît, rien ne meurt, il n'y a donc ni soi ni non-soi, ni identité ni non-identité. Nous ne voyons les choses que réfléchies par un miroir, le miroir des fausses apparences ; nous vivons dans le reflet permanent. Lorsque la dialectique nâgârjunienne de la vacuité s'exerce dans toute son amplitude, elle renverse absolument toutes les formes fixes et non fixes, y compris celles qui constituent le corpus canonique de la Doctrine de l'Eveillé, car l'Eveillé lui-même est dépourvu de nature propre. Et c'est justement parce que Nâgârjuna a parfaitement compris toute la dimension, et intégré, perçu, le sens de l'enseignement du Bouddha, qu'il a totalement assimilé le véritable esprit de Celui-ainsi-allé, qu'il se permet une telle attitude iconoclaste. La fidélité au sens même de la parole du *Tathâgata*, dans la mesure où Nâgârjuna en a perçu la lumière la plus cachée, car la moins voilée, l'oblige à s'exprimer en respectant la signification même de l'enseignement ; le comprendre c'est le détruire. Comprendre le Bouddha, c'est tuer le Bouddha, tuer le Bouddha c'est faire vivre le Bouddha, faire vivre le Bouddha, c'est voir disparaître l'Eveil et le non-Eveil. C'est pourquoi Nâgârjuna juge nécessaire de dire que sur le plan de la vérité ultime l'Eveillé n'a finalement rien enseigné : « Dans l'apaisement de tous les objets d'observation, la pacification de la pensée discursive. Les Eveillés n'ont enseigné aucune doctrine, nulle part, à personne » (*MK*, XXV, 24). De nombreux textes viennent confirmer les propos de Nâgârjuna : « O Shantamati, depuis la nuit où Celui-ainsi-allé s'éveilla complètement à l'incomparable, parfaite plénitude, jusqu'à la nuit où, sans attachement, il passa au-delà des peines, l'Ainsi-allé n'a pas prononcé une seule syllabe, et il n'en prononcera pas [8]. »

On rappelle toujours et encore la non-possibilité d'expression de ce qui ne peut être dit, puisqu'il n'y a finalement, au bout du compte, rien à dire : « Tout est inexprimable, indicible, apaisé et pur de toute éternité [9]. »

Si tout est apaisé de toute éternité, effectivement le Bouddha n'a rien dit ou du moins son dire est un dire vide, un dire sans dire, une parole silencieuse, un discours sans contenu. La langue du Bouddha c'est la langue de l'Eveil, celle dont l'unique grammaire est le silence, celle dont l'absence de formulation est la seule expression. La langue du Bouddha, c'est la langue qui d'elle-même n'a jamais rien dit, qui ne s'est jamais fait entendre et qui n'a jamais été perçue. Vide de signification elle ne fut jamais prêchée, jamais prêchée elle ne fut jamais comprise, jamais comprise elle ne fut donc jamais transmise. L'indicibilité du vide ne peut faire l'objet d'aucune traduction positive, dire le vide c'est ne rien dire, c'est pourquoi le Bouddha ne put s'exprimer. Le discours du vide c'est le vide de tout discours, l'enseignement de la vacuité est la vacuité de tout enseignement. Depuis toujours le silence règne, et jamais il ne fut troublé. Tout est apaisé de toute éternité.

III. *Le nirvâna comme absence de nirvâna*

A force de pousser toujours plus loin cette dialectique de la vacuité, Nâgârjuna ne manque pas de poser
lui-même la question que nous pourrions qualifier de
« fatidique » : « Puisque ni la souffrance, ni son origine, ni sa cessation n'existent, par quelle voie obtien-
dra-t-on la cessation de la souffrance ? » (*MK*, XXIV,
25). La puissance dialectique du discours nâgârjunien
conduit jusqu'à remettre en cause l'idée de conditionnalité et de libération des conditions. « Le Vainqueur
a enseigné la doctrine pour montrer que l'on ne vient
de nulle part et que l'on ne va nulle part » (*Samâdhi-
râjasûtra*, II, 2). Il devient donc naturel pour Nâgârjuna de soutenir que le *nirvâna* n'est jamais atteint,
car jamais perdu. Ce qui n'a jamais existé n'a pas
besoin d'être aboli, comprendre l'absence de production c'est comprendre l'absence de cessation : « Puisqu'en réalité il n'est ni venue, ni aller, ni permanence,
quelle différence ultime y a-t-il alors entre le monde
et le *nirvâna* ? » (« La Précieuse Guirlande », 64). Sans
venue ni sortie, il n'y a plus ni *samsâra* ni *nirvâna*, ou
plus exactement le *samsâra* est le *nirvâna*, le *nirvâna*
est le *samsâra*. « Quand on a produit la connaissance
de l'identité du *samsâra* et du *nirvâna,* alors, et pour
cette raison, le *samsâra* devient le *nirvâna* »
(*Mahâyana-samgraha,* IX, 3). Il n'y a plus aucune différence entre les deux termes d'une alternative, termes
qui en réalité n'existent pas et n'ont jamais existé.
Sans production réelle, la possibilité même d'une ces-

sation est parfaitement illusoire : « S'il n'est pas de permanence, il ne peut y avoir production ni cessation. Comment dès lors production, permanence et cessation pourraient-elles ultimement exister ? » (« La Précieuse Guirlande », 65).

Mais dans ces conditions, que deviennent le karma et les lois d'enchaînement et de causalité du moi lors de la transmigration ? s'exclament les adversaires de Nâgârjuna. Si tout est impermanent, il n'y a plus d'âme durable qui puisse hériter d'une existence passée le fruit de ses actes antérieurs, ni par là même bénéficier dans le futur de ses actes présents. « Vous rejetez l'existence des fruits, le bien et le mal, disent les contradicteurs de Nâgârjuna, et toutes les conventions du monde » (*MK*, XXIV, 6). Expliquons-nous, répond Nâgârjuna, en essayant de calmer les esprits choqués : « Vous ne comprenez ni le but de la vacuité, ni la vacuité, ni le sens de la vacuité. C'est pourquoi vous vous tourmentez ainsi » (*MK*, XXIV, 7). L'enseignement, poursuit-il, s'articule sur deux vérités : la vérité relative et la réalité ultime ; ne pas comprendre cette différence, c'est ne pas comprendre la doctrine. « Ceux qui ne comprennent pas la différence entre ces deux vérités ne comprennent pas la profonde ainsité de la Doctrine de l'Éveillé » (*MK*, XXIV, 9). Mais ajoute-t-il, « sans s'appuyer sur la convention, le sens ultime n'est pas réalisé. Sans réaliser le sens ultime, l'au-delà des peines n'est pas obtenu » (*MK*, XXIV, 10). En forme d'avertissement Nâgârjuna n'oublie pas de rappeler : « La vacuité mal envisagée perd les personnes de faible intelligence, comme le serpent maladroitement saisi ou la science magique mal appliquée » (*MK*, XXIV, 11). Puis en ultime recours il déclare : « Sachant que la profondeur de cette doctrine serait très difficile à pénétrer pour les esprits médiocres, l'esprit du Puissant se détourna de l'enseigner » (*MK*, XXIV, 12). Mais que cache en réalité l'attitude de Nâgârjuna ? En fait une conviction profonde, qu'il conserve relativement voilée pour ne pas trop choquer ses auditeurs : c'est que l'on n'enseigne finalement rien à ceux qui ne sont pas aptes à comprendre certaines vérités. « Dans le système pour lequel la vacuité est acceptable tout est acceptable ; dans le système pour lequel la vacuité est inacceptable rien n'est acceptable » (*MK*, XXIV, 14 ab, cd). Ce qui l'amène à revenir sur sa thèse centrale : « Nous appelons vacuité ce qui apparaît en dépendance. Cela est une désignation dépendante. C'est la Voie du Milieu » (*MK*, XXIV, 18). Or, puisque tout est créé en dépendance, c'est indirectement réaffirmer que tout est vide ; mais si pour vous, laisse-t-il entendre, cela n'est pas vide, alors effectivement tout ce que j'exprime vous semblera faux. En y regardant de plus près, il apparaît bien que les arguments en défense de Nâgârjuna n'en sont pas ; intimement il ne considère pas comme acceptables les conclusions de la vérité relative, il cherche à temporiser, à ne point trop effrayer, mais il n'y parvient que difficilement, sa critique n'épargne rien et il ne lui est pas possible de limiter le champ d'application de sa dialectique en négation. La force de son discours, inévitablement, renverse les convictions les plus anciennes et les dogmes vénérables ; alors que le *nirvâna* a toujours été compris comme une extinction, un anéantissement pur et simple [10], Nâgârjuna révèle la véritable identité de ce qui n'en comporte aucune : « Non produite, non détruite, la nature des choses (*samsâra*) est comme l'au-delà des peines (*nirvâna*) » (*MK*, XVIII, 7).

Rien qui n'apparaisse, rien qui ne s'enfuie, rien qui demeure, rien qui ne cesse, l'absence est dans son être en tant que présence, c'est-à-dire vide d'elle-même ; la présence est dans son être en tant qu'absence de nature propre, c'est-à-dire non substantielle. « La pensée de l'*âtman* et de l'*anâtman*, du moi et du non-moi est le résultat d'une erreur. Non moins relatifs le plaisir et la douleur, les passions et l'émancipation des passions. La transmigration, les délices du ciel ou les peines de l'enfer, tout cela provient de nos vues fausses sur le monde extérieur (que nous prenons pour la réalité). Les six chemins de la transmigration n'ont qu'une valeur illusoire et toute conditionnelle. Comme le peintre peignant un monstre terrible se trouve lui-même terrifié, le vulgaire l'est par la transmigration. Comme un enfant stupide se noie dans le bassin qu'il a creusé, les êtres se noient dans les fausses discriminations qu'ils ont créées sans pouvoir en sortir » (*Mahâyana vimçaka*, II, 4) [11].

Rien qui ne soit, rien qui ne meure, « le cycle (*samsâra*) ne se distingue en rien de l'au-delà des peines (*nirvâna*). L'au-delà des peines ne se distingue en rien du cycle » (*MK*, XXV, 19). Il n'y a ni souffrance ni cessation de la souffrance, le *nirvâna* n'est l'extinction de rien puisqu'en fait il n'y a jamais eu quelque chose qui existât un jour. « Comment la souffrance existe-rait-elle ? Ce qui est dit souffrance, c'est l'imperma-nent, qui n'existe pas dans la nature propre » (*MK*, XXIV, 21). Rien n'est apparu, rien qui doive disparaî-tre ; au sein du vide il n'y a pas une succession possi-ble d'états, « ce qui n'a pas de naissance ne périt pas » (*Mahâparinirvâna*, III, 64). Dans le vide il ne saurait surgir une différence, une distinction entre arrivée et fin. Le vide n'a pas de terme car il est sans commence-ment, ce qui est sans commencement ne peut connaî-tre l'arrêt. Le propre du vide c'est de n'avoir pas d'être propre, il n'est pas à lui-même son être — ni être ni non-être —, rien jamais ne fut ni cessa d'être. C'est pourquoi l'unique vacuité est celle qui consiste à échapper à tous les points de vue, puisque rien n'a de consistance ni d'être. Sans « être » réel, pas de vue particulière envisageable, car tout est vrai, non vrai, ni vrai ni non-vrai en même temps et sous le même et identique rapport.

On rapprochera d'ailleurs cette absence de point de vue particulier d'une forme originale de « non-pensée » qui s'épanouira dans le Ch'an (du sanskrit *Dhyâna*) et quelques siècles plus tard dans le Zen, forme de non-pensée qui se transformera en pratique de l'assise silencieuse, vide de toute forme, c'est-à-dire pratique de l'absence de pensée au sein de la pensée (voir chapitre 7, IV). « L'absence de pensée ne consiste pas à ne rien penser, à ne penser à rien, ce qui serait une manière de s'attacher à ce rien, mais à penser à toutes choses d'instant en instant avec un perpétuel détachement. Si le flux des pensées s'interrompt et que la pensée se fixe, on sera lié ; pour être délié (libre, délivré), il faut que les pensées glissent perpétuellement sur toutes choses sans jamais s'y fixer. Il est vain d'espérer mettre fin à la pensée en ne pensant à rien, car comme tout ce qui meurt, la pensée renaîtra nécessairement. Le néant de pensée doit donc être une pensée totale et détachée. La vraie absence de pensée c'est de penser tous les objets sans se laisser infecter par aucun d'eux. Devant le vieux dilemme chinois de la mobilité et de la quiétude, de l'activité et de la passivité (*tong* et *tsing, kinesis* et *stasis* du platonisme, *motus* et *quies* de Nicolas de Cuse), l'école de Houei-neng se prononce (...) pour une coïncidence entre l'activité et la passivité, pour un chemin moyen qui les concilie [12]. »

Pour revenir à notre propos, réaffirmons que ce qui ne provient de rien ne va vers rien ; ni début ni fin au sein du néant. Hors du vide, rien. En lui rien non plus, et depuis toujours jusqu'à jamais, nulle libération car nulle aliénation — ce qui n'est pas enchaîné n'a pas besoin d'être libéré —, aucune entrave ne contraint ce qui n'est jamais venu à l'existence, et donc jamais n'en sortira, car on ne sort pas de là où l'on n'est jamais rentré. « Si tout cela est vide, l'apparition et la destruction n'existent pas. De l'abandon et de l'arrêt de quels (facteurs) acceptera-t-on l'au-delà des peines ? » (*MK*, XXV, 1). Ni apparition ni cessation, aucun facteur phénoménal ne doit cesser puisqu'il n'existe et n'existera jamais aucun facteur. L'équation d'équivalence entre *nirvâna* et *sam-*

sâra se comprend d'ailleurs beaucoup mieux si l'on perçoit le signe d'égalité comme également un signe d'inexistence. On pourrait effectivement tout aussi bien dire, afin de remplacer l'égalité ou l'équivalence entre *nirvâna* et *samsâra* par un signe de négation : il n'y a ni *nirvâna* ni *samsâra*. *Nirvâna* = *samsâra* = ni *nirvâna* ni *samsâra*. « *Nirvâna* = *samsâra*. Ce qui veut dire : le *nirvâna* n'est pas une réalité détachée ; il est la dimension absolue (supérieure, tant au *samsâra* qu'à lui-même, s'il est entendu comme opposé au *samsâra* — et c'est seulement ainsi — en fonction de ce qui, à l'égal de l'éther, est infini, insaisissable, pareil au non-pareil, de ce qui est impondérable, de ce qui n'est pas susceptible d'être contaminé, par quelque contamination que ce soit, de ce qui est, en n'importe quel mouvement, immobile — c'est seulement ainsi, disons-nous, que le monde n'existe vraiment plus, que dans les formes, par lesquelles est pris celui qui est assujetti à l'ignorance ; il n'y a plus que la consistance d'une apparition, d'un écho, d'un mirage qui se dessine dans la limpidité du ciel libre. En son existence il n'existe pas ; en son non-existence, il existe : ceci vaut autant pour le monde que pour celui qui est libération, pour le *Tathâgata*. Tel est le sens de la formule qui revient dans le *Vajracchedikâ* : Ce qui a été déclaré inexistant, pour ceci, précisément, a été déclaré non existant, et c'est ainsi qu'il est déclaré existant [13]. »

IV. Le caractère propre du vide

Au sein de la vacuité il ne peut y avoir obtention ni non-obtention, aucune distinction n'est possible pour ce qui radicalement ne se distingue de rien ; la non-différence de la vacuité lui confère une absence absolue, une souveraine absence absolue de détermination et d'identification. Le vide d'être propre du *nirvâna* ne se laisse pas décomposer par des définitions limitées au sujet de la cessation du *samsâra*. Ici plus aucune place n'est laissée vacante pour une réduction consolante qui consisterait à faire miroiter un devenir libéré de toute entrave limitante. Ces pieuses rêveries, qui n'ont qu'une vertu pédagogique préparatoire (et encore...), ne sont plus admises, si l'on veut bien considérer lucidement le caractère propre du vide. « Pour qui n'existent ni production de l'au-delà des peines ni disparition du cycle, pour celui-là, comment le cycle serait-il ? Comment l'au-delà des peines serait-il ? » (*MK*, XVI, 10).

Non seulement il n'y a pas de *nirvâna*, mais il n'y a pas de cycle du *samsâra*. Non seulement les phénomènes sont vides de substance propre, non seulement ils sont dépourvus d'être réel, mais l'extinction elle-même est dépourvue de réalité, de substance réelle. Sans *samsâra* pas de *nirvâna* à obtenir, pas de libération à désirer, pas de salut à souhaiter, pas de fin du cycle à rechercher. Une vue des conditions est une vue limitée, une vue de l'annihilation est une vue limitée : « Il n'y a ni annihilation ni permanence »

(*MK*, XVIII, 10). Il n'y a pas d'issue hors du cycle en utilisant une recherche de la sortie du cycle ; nul ne sort du cycle car nul n'y rentre, personne ne s'en libère car personne n'y est entré.

Ceci explique que rien ne doit être libéré car rien jamais ne fut aliéné, il n'y a pas de cessation à espérer, car il n'y a jamais eu de production. Le subtil détachement du *Tathâgata* est transparent et invisible, car « *Tathâgata* désigne celui qui ne va nulle part et ne vient de nulle part, c'est pourquoi il est le *Tathâgata,* le pleinement éveillé » (*Vajracchedikâ-sûtra*, XXIX). Tout est déjà et depuis toujours libre ; aucune réalité n'est étrangère à l'Eveil, car l'Eveil depuis toujours ne cessa jamais d'être en son non-être, et de ne pas être en son être. Aucun Eveil à atteindre non plus, car il n'y a jamais eu de non-éveil à quitter. Pas de *samsâra* différent du *nirvâna,* pas de souffrance dont on doive s'affranchir. Non né et non venu, l'être jamais ne fut ; en tant que jamais venu et non né, en tant que n'ayant jamais été existant, l'être jamais ne cessa d'être. Pas de *samsâra* à quitter et donc pas de souffrance non plus dont il faudrait se libérer, pas de *samsâra* différent du *nirvâna,* pas de *nirvâna* différent du *samsâra.* Nulle extinction à désirer, car jamais rien n'est apparu, et rien jamais donc ne disparaîtra. Depuis l'origine tout est déjà au sein de ce qui fut, reste et demeure le parfait Eveil. Depuis toujours règne le silence, le parfait silence qui jamais ne fut troublé. *Tout est apaisé de toute éternité.*

DEUXIÈME PARTIE

La continuité historique
de la doctrine nâgârjunienne

5.

L'héritage de la pensée de Nâgârjuna

On s'en doute sans peine, l'œuvre de Nâgârjuna va exercer une influence majeure sur les esprits. La nouveauté de ses thèses, et leur évident pouvoir d'élucidation, s'agissant de l'enseignement de l'Eveillé, vont procurer à Nâgârjuna une audience considérable. Ses textes sont répandus, lus et commentés, ses thèses font l'objet de discussions passionnées et de recherches actives. La nouveauté de sa pensée fait de lui la personnalité essentielle d'une authentique entreprise de métamorphose du bouddhisme, et d'une compréhension incroyablement plus ample, plus large des concepts originels de la Doctrine. De nombreux disciples entourent le maître de la vacuité, et cette effervescence autour de la pensée nâgârjunienne va créer les conditions du développement d'une véritable école philosophique à laquelle le Mahâyâna doit à peu près tout de son originalité et de sa spécificité.

I. Aryadeva : le maître de la négation radicale

Au sein de ce milieu se dégage celui qui, parmi les élèves de Nâgârjuna, fut aussi son successeur immédiat : Aryadeva. Celui-ci vécut apparemment dans la première moitié du IIIe siècle de notre ère, et fut un redoutable polémiste et un virulent contradicteur. C'est certainement, parmi les disciples de Nâgârjuna, celui qui poussera le plus loin les conséquences de la doctrine de la vacuité. Pour lui, nul frein ne doit entraver la force déconstructive de la doctrine nâgârjunienne ; il n'hésitera d'ailleurs pas à véritablement choquer de nombreux moines ou religieux, qui s'effraieront de le voir nier le *nirvâna* et la transmigration. Il semble bien cependant que, sur ce point précis, Aryadeva ait parfaitement perçu le sens profond, le sens le plus authentique de la vacuité, il ne craindra d'ailleurs pas de le proclamer sans prudence particulière. On peut voir en lui une sorte de maître radical et absolu ; déroutant et constamment insaisissable, il maintient en permanence le moteur de la critique négative à plein régime. Ne respectant aucune réserve de prudence, aucune retenue vis-à-vis du monde religieux, il étend sa fureur dialectique à l'ensemble des formes qui incarnaient, à son époque, la transmission de la Loi du Bouddha. Il excelle visiblement dans son art de pousser la logique nâgârjunienne du vide dans ses ultimes conséquences. Il en aiguise les aspects les plus tranchants, les plus déroutants, il en met à nu les aspects les plus vifs. Peu enclin à ménager les susceptibilités et les convictions établies, il n'hésitera pas à nier les croyances traditionnelles, ce qu'il paiera d'ailleurs du prix de sa vie, puisque la tradition rapporte qu'il périt assassiné par un brahmane excédé par ses provocantes et incessantes négations dialectiques. Aryadeva est toutefois connu, principalement, pour nous avoir laissé l'un des ouvrages les plus importants de la seconde génération mâdhyamika : le *Shata-Shâstra* (Traité des cent vers). Il déploie dans ce texte, outre l'essence de sa critique négative avec une vigueur et une force exceptionnelles, un réel talent argumentaire.

Cet ouvrage, se présentant de la même manière que les traités de l'école nâgârjunienne, est en fait au premier abord une entreprise de réfutation systématique des opinions des diverses théories métaphysiques qui étaient développées à l'époque. Dans un premier temps, Aryadeva combat les positions des matérialistes indiens qui prônaient la recherche immédiate du plaisir comme forme d'objectif véritable de la sagesse. On imagine sans peine la réaction d'Aryadeva qui, non seulement en tant que bouddhiste, avait très certainement tendance à considérer que tout était douleur, mais de plus en fidèle disciple de Nâgârjuna percevait que rien n'était produit de lui-même. De ce fait, dit-il, le plaisir, le bonheur, n'existent nulle part, « une chose ne peut (*dharma*) naître d'elle-même, car elle tomberait dans l'erreur de la double cause, l'une qui est sa naissance en tant que telle, l'autre qui est la raison interne qui l'a fait naître. Et une chose ne peut non plus naître d'une autre, car ce qui n'existe pas par soi-même ne peut, a fortiori, exister par autrui[1] ». Dans les longues joutes argumentaires qui structurent les chapitres de son « Traité », Aryadeva se penche tour à tour sur les arguments substantialistes. Il revient, une fois encore, sur le problème de l'*âtman*, de la mémoire, de la pensée, puis aborde, d'une manière il faut l'avouer assez neuve, dans le troisième chapitre du *Shata-shâstra*, la question de l'existence et de l'unité des choses. « Aryadeva se met à analyser les rapports réciproques des trois notions d'objet, d'existence et d'unité pour montrer que, soit qu'on admette l'identité des notions d'objet et d'existence, soit qu'on les sépare, soit qu'on considère l'existence comme la caractéristique générale (*sâmanya lakshana*) et l'objet comme la caractéristique particulière (*viçesha lakshana*), soit que ce soit l'inverse, dans tous les cas la notion d'unité disparaît[2]. »

Cette réfutation de l'unité conduit à une réfutation parallèle des éléments et des formes, des parties et du singulier. Ni unité, mais ni diversité non plus, ni particulier, ni totalité. Ce qui signifie que, si l'existence, l'unité et la forme particulière sont différentes, alors il n'y a rien qui existe. Une forme sans existence est une non-forme, un non-être, « toute la finesse résidant de la part d'Aryadeva dans la distinction, l'opposition et les impossibilités qu'il a établies entre la chose existante et l'idée d'existence abstraite, puis dans les antinomies qu'il trouve dans les relations du tout et des parties, les parties ne pouvant être ni le tout ni distinctes du tout[3] ».

Ni cause ni effet

La critique d'Aryadeva semble devoir embrasser l'ensemble du champ phénoménal ; négation du temps, de la perception, des objets, son appétit critique est insatiable. Si son examen de la problématique du temps est de toute première valeur, son procès de l'existence du temps, s'inscrivant dans le droit-fil de la pensée nâgârjunienne, lui donne néanmoins l'occasion d'un développement encore plus sensible, puisqu'il en déduit l'impossibilité de toute perception. Si la durée n'existe pas, c'est-à-dire si passé, présent et futur ne constituent aucune véritable réalité concrète, « de ce fait, il n'y a pas de halte devant laquelle on aurait le loisir de percevoir des objets durables. Les *dharma* étant sans durée, il n'existe pas de fil de continuité de l'un à l'autre ; il faut les envisager comme des instantanés sans lien entre eux et, dès lors, la perception devient impossible[4] ». Cette analyse permet à Aryadeva de démontrer l'absence de toute détermination préalable dans les choses, de démontrer l'erreur de la conception orthodoxe qui affirmait la préexistence de l'effet dans la cause et dont il ne figurait, ainsi que le soutenait la théorie du *satkâryavâda*, qu'une forme de changement interne spécifique. C'est contre cette thèse qu'Aryadeva écrit : « Si au moment où naît l'effet qu'est le vase, la cause qu'est le bloc d'argile disparaît, alors il n'y a plus de cause. Si elle ne disparaît pas, on ne peut plus discerner de différence entre le bloc d'argile et le vase (...), la chose en puissance et la chose en acte sont deux principes différents. De plus, si l'effet n'est que la cause présentée sous une forme, la cause sans plus, dans ce déterminisme rectiligne le mérite et le démérite disparaissent[5]. »

Cette forte critique entraîne celle de l'idée de création qui, de façon inverse mais cependant équivalente, pense l'effet comme un élément totalement hétérogène ou nouveau par rapport à la cause : « L'auteur mâdhyamika trouve dans l'idée d'apparition de l'effet d'invincibles antinomies. Vous admettez, dit-il à ses contradicteurs, que le vase apparaît au moment où il commence à exister comme tel. Erreur ! Le vase existait déjà ! Aryadeva reprend alors à son propre compte, sous une forme à peine modifiée, la décomposition nâgârjunienne de l'apparition en apparition prête à apparaître, apparition apparaissante et apparition apparue, décomposition qui lui permet d'immobiliser le mouvement et d'empêcher la production de toute apparition véritablement dynamique : si une chose se produit, c'est qu'elle était déjà produite car si elle n'existait pas déjà, comment apparaîtrait-elle ? Si vous dites que ce qui naît est à demi né et à demi non né, ces deux erreurs se confondent avec la précédente. Donc la naissance est impossible. Le principe, le milieu et la fin sont réciproquement conditionnés. S'ils étaient séparés (dans le temps), comment pourraient-ils exister ? C'est pourquoi ils ne peuvent se produire en série[6]. »

Dans une vertigineuse dialectique de la négation de la négation, Aryadeva mobilise une incroyable et renversante analyse : « L'effet coexiste-t-il avec la cause ? Cette coexistence est la négation de la chaîne des causes et des effets. L'effet apparaît-il au moment où la cause disparaît ? Alors sa production ne diffère pas de la destruction de la cause, et la filiation ne peut se produire. Naît-il après la disparition de la cause ? Alors il n'y a plus de cause et ne peut naître, etc.[7]. »

Non content de perdre son contradicteur, Aryadeva en vient, pour conclure, à épouser la première thèse qui faisait l'objet de sa réfutation initiale, il soutient maintenant que « si l'effet ne préexistait pas dans la cause, la cause ne pourrait produire l'effet, car celui-ci, étant entièrement différent d'elle, lui serait étranger[8] ». Ce qui est exactement l'inverse de ce que défendait Aryadeva au commencement de sa réfutation ! Que comprendre à cette invraisemblable position ? Il s'agit simplement pour Aryadeva, dans cet exercice déroutant et contradictoire, de contraindre l'esprit de son adversaire à reconnaître son impuissance, et donc de l'inviter à cesser de vouloir adhérer à une position fixe et déterminée.

L'arme de la critique du Mâdhyamika

Seule l'obtention d'un désarmement des facultés et des prétentions de l'esprit intéresse Aryadeva ; considérant que toute position en tant que telle est fausse et vraie également, peu lui importe de soutenir le contraire de ce qu'il défendait ardemment précédemment. Si tout est vrai et faux à la fois, sous le même et identique rapport, l'affirmation et la négation n'ont alors qu'une vertu purement pédagogique, elles sont l'une et l'autre parfaitement limitées et finalisées par l'utilisation ponctuelle de l'exercice argumentaire.

Elles n'ont en elles-mêmes aucune essence véritable, ce ne sont que de simples conventions du langage dialectique, des outils dénués de toute authentique substance réelle. Cependant, si la mise en œuvre d'un tel criticisme est déjà troublant pour les esprits habitués à posséder des certitudes claires et certaines, ne serait-ce que portant sur les sujets relatifs aux phénomènes conditionnés (*dharma samskrita*), il sera bien plus problématique pour Aryadeva de formuler ses conclusions lorsqu'elles s'attaqueront aux phénomènes prétendument inconditionnés (*dharma asamskrita*), aux principes considérés comme non attachés par des liens mondains, ainsi que se voit représenté et défini traditionnellement le *nirvâna*.

C'est ici peut-être le passage le plus déroutant, le plus surprenant de la littérature bouddhique, puisque l'arme de la critique du Mâdhyamaka n'épargne même pas les concepts les plus respectables, les plus vénérés de la Doctrine de l'Eveillé. « Eh quoi ! s'écriera le hînayâniste, quand le désir (littéralement la "soif", *trishnâ*) et les autres passions (*kleça*) ont été entièrement détruits, quand, de ce fait, la naissance et la mort, c'est-à-dire tout le *samsâra* et tout le karma ont disparu, le *nirvâna* n'est-il pas alors réalisé ? Non répond Aryadeva, car si l'absence de *kleça* est le *nirvâna*, le *nirvâna* n'est plus un inconditionné, mais une chose produite (*dharma kritaka*) comme toutes les autres. En d'autres termes, si le *nirvâna* n'est que l'absence de tout phénomène, c'est simplement un phénomène négatif, ce n'est plus le *nirvâna*[9]. » Aryadeva poursuit en insistant de la manière suivante :

« De plus, dans votre définition, tant que tout l'ensemble des phénomènes n'a pas été universellement éteint, le *nirvâna* ne serait jamais réellement réalisé. Enfin vous posez que le *nirvâna* est un effet dont la cause serait la cessation, l'absence de *kleça,* de karma et des autres phénomènes. Comment une absence, une pure négation — la négation de tout l'imaginable — peut-elle être une cause [10] ? »

Un désir vain

Afin de préciser sa pensée, Aryadeva utilise une étrange formulation pour un bouddhiste : « Si dans le *nirvâna,* il ne subsiste plus ni individus (*sattva*) ni objets (*vastu*) désirables, c'est un lieu mille fois plus redoutable pour nous que ce monde-ci. Pour quelle raison le désirez-vous donc ? Si le *nirvâna* est simplement l'abandon de tous les attachements, la destruction de tous les concepts, ce n'est ni l'être ni le non-être, ni une chose ni une non-chose, ce n'est rien qu'une extinction, comme l'extinction d'une lampe [11]. »

Cela signifie, pour Aryadeva, que désirer le *nirvâna* est une absurdité : le désir de la cessation est vain puisqu'il est un désir vide, un désir du rien est un non-désir, car le rien ne peut être désiré puisque précisément il n'est (si l'on peut dire !) rien. De la sorte une aspiration au vide est un vide, une absence de toute aspiration. En réalité personne ne parvient au *nirvâna,* le *nirvâna* ne peut être obtenu ; vide, il ne peut faire l'objet d'une obtention. Nul ne peut obte-

nir le *nirvâna,* car il n'y a pas de *nirvâna* à obtenir.
Rien à désirer, rien à espérer non plus. De ce qui n'est
pas, de ce qui n'existe pas, il n'est pas possible d'aspi-
rer à la possession : « Quand nous parlons d'obtenir
le *nirvâna,* dit Aryadeva, ce n'est là qu'une expression
mondaine, sans valeur métaphysique [12]. »

Tout est vide

Les bases doctrinales les plus vénérables ne sont
donc pas épargnées, comme on le constate, par Aryadeva ; brutalement il renverse les dogmes les plus
sacrés, ceux qui sont entourés du respect le plus défé-
rent. Rien à espérer, rien à attendre, rien non plus à
atteindre, pas de *nirvâna,* pas de libération, pas de
cessation, pas de *samsâra* non plus. Tout est vide de
nature propre, tout est vide de substance réelle. Aryadeva pousse dans ses plus extrêmes limites la dialectique négative nâgârjunienne. Si ses contradicteurs,
épuisés par l'usage permanent de sa critique, lui rétor-
queront que certes rien n'existe si l'on accepte son
discours, mais que du moins il existe la négation,
Aryadeva expose alors que sa critique est une critique
universelle auto-abolitive, qu'en elle-même elle
n'existe pas, qu'elle n'a pas pour but de proposer une
thèse particulière, mais bien plutôt de détruire toute
thèse positive, sans rien proposer à la place. « En effet,
qui n'admet de vérité que la pure vacuité peut criti-
quer autrui sans se rendre jamais vulnérable, puisque,
se gardant de toute affirmation, il ne donne prise à

aucune critique. La vacuité ne comporte d'autre démonstration que celle, toute négative, que constitue la réfutation des opinions positives, l'une après l'autre et l'une par l'autre [13]. » Dans un ultime sursaut, les adversaires d'Aryadeva déclarent que n'affirmer aucune thèse positive c'est encore soutenir une position sans s'en rendre compte, c'est peut-être être victime d'une illusion théorique supérieure en importance à l'ensemble des positions fixes. « Nullement, répond avec ironie Aryadeva, nous avons commencé par poser que toutes les choses qui naissent de production en relativité (*pratîtya-samutpâda*) ont pour caractéristique la non-existence. Dès lors nous n'avons avancé aucune affirmation et, partant, proposé aucune thèse. Prouver par voie négative qu'aucune thèse n'est valable, ce n'est pas poser une thèse, pas plus qu'établir la non-existence des choses, ce n'est doter la non-existence de je ne sais quelle existence [14]. »

Ruinés par cet incessant mouvement argumentaire, les contradicteurs conviennent que si tout est vide, si tout a le caractère de la non-existence, alors même la dialectique négative du Mâdhyamaka participe de cette non-existence générale : « Est-ce à dire que la vérité soit le non-être ? Aryadeva ne l'admet pas plus que Nâgârjuna. Le non-être, enseigne-t-il, n'existe pas plus que l'être ; ou, si l'on préfère, le non-être comme l'être n'est que vacuité [15]. » Si ni être ni non-être, ni vide ni non vide existent et n'existent pas tout à la fois, à quoi peut bien servir cet enseignement ? s'interrogent non sans raison les adversaires d'Aryadeva. On

imagine aisément ce dernier répondre avec un sou-
rire : Votre esprit est bien préoccupé, pourrait-il dire,
vous ne pouvez franchir l'obstacle qui vous sépare
(tout en ne vous séparant pas) de la vérité vraie, celle
qui conduit, parce qu'elle ne conduit justement pas à
la libération ; quoi que vous fassiez vous ne pouvez
parvenir à l'universelle vacuité.

Aryadeva, en cela fidèle à son maître, mais encore
plus brutalement que lui, « reste jusqu'au bout en
attitude de combat contre toute accalmie de l'esprit
ou du cœur. C'est avec une brutalité singulière qu'il
déclare sans valeur l'idée de *nirvâna*. Aucune religiosité ne vient tempérer l'âpreté de sa logique négative.
La tradition ne nous étonne qu'à demi quand elle
nous apprend que ce fougueux polémiste fut tué par
un de ses adversaires... [16] ». Aryadeva, parmi les disciples de Nâgârjuna, est celui qui poussa à son maximum la doctrine de la vacuité, par-delà toute
religiosité, toute forme traditionnelle, toute limite
identifiable. Ceux qui, après lui, se situeront dans la
continuité de la pensée nâgârjunienne, tout en respectant la dimension propre de la dialectique négative,
vont l'intégrer au sein des écoles bouddhiques et l'ac-
climater à une pédagogie spirituelle, que l'on peut
sans peine qualifier de plus « mesurée ».

II. Le développement de la logique bouddhique après Nâgârjuna

Avant d'aborder les figures majeures de l'école nâgârjunienne, qui émergèrent à partir du Ve siècle, il est nécessaire de préciser le contexte qui entoura la diffusion de la doctrine de la vacuité. Nous l'avons vu plus haut (chapitre 2, § III), la doctrine Vijnâna-vâda se singularisera en affirmant que la réalité est pure conscience (*citta*), que les êtres et les choses n'existent qu'en fonction de la conscience, que l'esprit dans son exercice est l'unique réalité effective. La réalité n'est donc, pour cette école, que pure conscience, qu'esprit uniquement. Il n'y a de réel, en dernière analyse pour cette position, que l'esprit et lui seul. Cette école, fondée au IVe siècle par trois figures emblématiques : Vasubandhu, Asanga et Maitreyanâ-tha, produisit un effort théorique et analytique intense, aboutissant à la publication de très nombreux traités.

En parallèle de ce courant, se développa également sous l'influence de Dignâga et Dharmakîrti une véritable école spécifique de logique indienne, d'une très grande originalité formelle. On considère que le travail effectué par Dignâga est à l'origine de la logique bouddhique médiévale ; son œuvre maîtresse, le *Pramânasamuchchaya* (Accumulation des critères de la connaissance juste), est un ouvrage dans lequel il entreprend une analyse systématique du raisonnement déductif. « Dignâga réduit donc les éléments de

connaissance à deux (la perception et l'inférence), et
il les sépare radicalement. L'argument d'autorité,
comme source de connaissance, est rejeté. Cependant
la perception et le raisonnement ont valeur égale, et
ne peuvent exister l'un sans l'autre, car la perception
la plus simple contient l'activité synthétique de la
pensée. C'est pour cela que pour les logiciens bouddhistes, plus encore que pour leurs prédécesseurs
brahmanistes, tout jugement, même le plus simple,
peut être traité en inférence, réduite à trois mem-
bres [17]. »

L'inférence réduite de Dignâga

L'examen de cette inférence réduite est digne d'intérêt, car il permet de mieux saisir les subtilités de la
logique bouddhique, subtilités qui la distinguent de
la logique indienne traditionnelle. La logique traditionnelle reconnaît en effet cinq parties à l'inférence :
a) la proposition, b) la raison, c) l'assertion, d) l'application, e) le résultat. Dignâga va réduire d'autorité ces
cinq éléments à trois ; toutefois cette réduction n'est
pour lui qu'une inférence « pour autrui ». « Cette
inférence "pour autrui" n'est en aucune façon une
source de connaissance, tout au plus une métaphore.
Elle n'est pas un procédé pour étendre nos connaissan-
ces, puisqu'elle se réfère à des phénomènes illusoires.
(Dignâga) lui oppose l'inférence "pour soi", qui, elle,
est véritablement une source de connaissance (...) [18]. »
L'inférence « pour soi » a ceci de particulier qu'elle

possède comme vertu première d'être une authentique source de compréhension, une source de connaissance radicalement nouvelle de la logique. Elle a aussi comme fonction de favoriser, sur le plan gnoséologique, les thèses nâgârjuniennes qui portent sur l'existence phénoménale. Dignâga poursuit donc un objectif unique dans sa démarche réflexive : permettre une juste compréhension du rapport entretenu par les idées avec la réalité. Ce rapport, loin d'être évident, est l'occasion de controverses multiples et d'opinions contradictoires ; le travail de Dignâga eut justement pour mission principale de clarifier cette question. Cette entreprise sera d'ailleurs poursuivie au VIIᵉ siècle, non sans un enrichissement théorique notable, par Dharmakîrti, auteur du *Pramânavârttika* (Explication des critères) et du *Pramânavinishchaya* (Décision selon les critères), ouvrages qui aborderont les aspects les plus essentiels de la connaissance logique. L'explication que Dharmakîrti réalise des critères lui permet d'approfondir la notion d'inférence « pour soi », qu'il détermine comme nécessaire avant toute réflexion traitant de la connaissance de ce qui est. Son analyse a ceci de particulier qu'elle discerne d'une part le principe d'identité et d'autre part le principe de causalité des inférences négatives. Ce qui revient à mettre en lumière un type d'inférence qui peut être analytique, synthétique ou affirmative. L'œuvre logique de Dharmakîrti va avoir une grande influence sur les études bouddhiques postérieures, c'est pourquoi, après elle, les auteurs mâdhyamika seront contraints de modifier leur discours, en particulier celui tou-

chant à l'existence ou à la non-existence des phénomènes.

Les arguments des logiciens obligeaient à un débat
théorique se situant au cœur même des mécanismes
de la compréhension de la Doctrine de l'Eveillé. Les
thèses relatives au problème de la connaissance sont
l'objet d'affrontements entre des tendances et des sensibilités fort diverses et très souvent hostiles les unes
aux autres. Les enjeux, il faut bien l'admettre, étaient
de très grande importance puisqu'ils portaient précisément sur la juste interprétation de la Voie du Bouddha et de la théorie de la vacuité. On comprend
mieux, dès lors, que les efforts conceptuels se soient
développés de manière si conséquente, puisqu'ils tou-
chaient à l'essence même de la Doctrine.

6.

Evolution de la doctrine Mâdhyamika

I. Les écoles Svâtantrika et Prâsangika

Parmi l'ensemble des tendances qui émergèrent des grandes controverses théoriques relatives à la question de la connaissance, deux écoles vont jouer un rôle majeur : l'école Svâtantrika et l'école Prâsangika. L'école Svâtantrika signifie « école indépendante », mais de quelle indépendance est-il question ? Il s'agit tout simplement d'une conception considérant que les preuves de la logique doivent rester indépendantes de la doctrine Mâdhyamika. Cette analyse fut défendue principalement et en premier lieu par Bhâvaviveka, qui affirma que les éléments de la raison déductive sont utiles à la compréhension des thèses nâgârjuniennes. Pour Bhâvaviveka l'expérience du monde, si elle n'était pas complètement niée, était néanmoins considérée comme non réelle. Son approche empruntera au Yogâcâra son insistance à l'égard de la position déterminante de la conscience au sein de la réalité. Cette utilisation des éléments idéalistes du Yogâcâra, combinés aux principes logiques, produisit une doctrine syncrétique nouvelle qui présenta des traits surprenants, comme l'attention spéciale portée à la psychologie. L'apport de Bhâvaviveka réside dans cette attention qu'il déploie afin de démontrer l'inanité de la séparation artificielle, incarnée par la dyade sujet/objet. Son examen des processus cognitifs l'amènera à considérer la conscience comme partie intégrante de la réalité phénoménale. La réalité selon lui ne trouve pas son objectivité dans l'extériorité de son être vis-à-vis de la conscience, mais bien au contraire en incluant la conscience au sein de cette totalité existentielle. Il faut cependant préciser que les phénomènes, étant considérés comme illusoires par Bhâvaviveka, la conscience, phénomène parmi les autres, est elle aussi frappée de la même et identique détermination ; sans statut particulier elle est ramenée à la pure irréalité.

Le discours de Bhâvaviveka utilise néanmoins les outils de la logique formelle afin de démontrer la véracité de ses arguments. Cette utilisation deviendra d'ailleurs la caractéristique propre de l'école Svâtantrika. Les thèses de Nâgârjuna ne subissent aucune inflexion chez Bhâvavika, mais dans sa démarche, la doctrine de la vacuité se voit confirmer par des arguments extérieurs au système analytique nâgârjunien. C'est précisément contre cette tendance que s'élèvera Buddhapâlita, qui refusera la soumission des thèses nâgârjuniennes à la logique de Dignâga. Buddhapâlita ne recherchera aucune conciliation ou concession avec les écoles logiques qui triomphaient alors, et tentera de pousser jusqu'à l'absurde, c'est-à-dire jusqu'à leur ultime conséquence, les propositions théoriques de ses adversaires.

L'école Prâsangika tient de ce fait son nom de *prâsanga* signifiant « conséquence », spécifiant ainsi l'attitude de Buddhapâlita et de ses disciples. Pour eux la pensée de Nâgârjuna est purgative, elle ne doit faire l'objet d'aucune démonstration, fût-elle logique, extérieure à la dialectique critique de Nâgârjuna lui-même. Les deux écoles Svâtantrika et Prâsangika sont extrêmement représentatives des débats qui agitèrent le bouddhisme après Nâgârjuna entre le Ve et le VIe siècle.

II. *Chandrakirti et le Madhyamakâvatârâ*

Incontestablement, Chandrakirti est le défenseur par excellence, au VIe siècle, de l'orthodoxie mâdhyamika ; son activité sera finalisée par un seul et unique objectif : redonner à la doctrine de Nâgârjuna l'intégralité de son originalité et de sa radicalité initiale. En ce sens il se situe bien dans la rigoureuse continuité de Buddhapâlita, en refusant comme lui de faire dépendre la théorie nâgârjunienne d'une caution argumentaire extérieure à la théorie elle-même. Concernant la vie de Chandrakirti, l'histoire nous rapporte en réalité très peu d'éléments ; on sait toutefois qu'il est natif de Samanta, dans le sud de l'Inde, d'une famille de brâhmanes. On prétend qu'il devint plus tard abbé de Nalanda. Comme toujours, les biographies que nous possédons rapportent de nombreux faits extraordinaires et fabuleux, comme en sont remplies les hagiographies orientales lorsqu'elles retracent la vie d'un personnage spirituellement important.

De loin beaucoup plus intéressante et remarquable est l'œuvre théorique que nous laisse Chandrakirti et, se détachant de celle-ci, outre la *Prasannapadâ Madhyamakavrtti*, qui est le commentaire le plus achevé de la pensée nâgârjunienne, son « Entrée au Milieu » (*Madhyamakâvatârâ*), ouvrage complémentaire et introduction au « Traité » de Nâgârjuna lui-même. Ce deuxième texte est certainement celui qui exerça l'influence la plus considérable sur l'école Prâsangika, par la manière très particulière dont Chandrakirti utilisa la méthode dite de conséquence nécessaire (*prâsanga*), en faisant preuve d'un art dialectique très efficace lors de ses démonstrations. Sa capacité à montrer la caducité de toute position partielle, sa maîtrise de la critique négative nâgârjunienne, ont fait de lui un des maîtres mâdhyamika les plus réputés.

L'ouvrage de Chandrakirti est structuré par les réfutations successives qu'il développe contre les doctrines considérées comme erronées. Il indique, dans une formule poétique, que l'intelligence de son lecteur sera conduite au rang du Vainqueur si celle-ci veut bien se laisser guider comme un aveugle se laisse guider par un voyant. Chandrakirti engage son argumentaire, après de nombreux préliminaires de nature préventive, dans les fondements de la vacuité par le raisonnement basé sur le « non-soi des phénomènes [1] ». On reconnaît

immédiatement le discours nâgârjunien dans ses réfutations répétées d'une production à partir de soi-même,
à partir d'autre chose, à partir de soi-même et d'autre
chose, de même que la réfutation d'une production
sans cause. Nous sommes sans contestation au cœur du
système critique de la vacuité, mais se dégage de Chandrakirti une insistance particulière sur la distinction
entre vérité relative et vérité ultime : « Parce qu'elle
voile la nature (des choses), l'erreur est nommée "le
relatif". En raison de cela ce qui, étant artificiel, apparaît comme vrai, le Puissant l'a déclaré "vérité relative",
et la chose artificielle "le relatif" [2]. » Une assertion judicieuse est insérée dans ce passage portant sur la distinction entre les vérités : « Comme même du point de vue
des deux vérités il n'y a pas de nature propre les (formes,
etc.) ne sont ni permanentes ni annihilées [3] », une
forme d'écho lointain mais très intime de l'affirmation
de Nâgârjuna portant sur l'absence de permanence et
d'annihilation. Plus loin : « L'Eveillé enseigne le je et le
mien ; de même les essences sont sans nature propre,
mais en tant que sens indirect, il enseigne leur existence [4]. » La conclusion contre ses différents adversaires est
relativement fine, sans être dénuée d'une pointe d'humour : « En résumé, de même qu'il n'y a pas de
connaissable, il n'y a pas de connaissance. C'est ce qu'il
faut savoir [5]. »

Au sujet de l'importance de la doctrine nâgârjunienne de l'Eveil, la pensée de Chandrakirti est sans
détour : « Pour ceux, dit-il, sortis du chemin (tracé
par) le maître Nâgârjuna, il n'y a pas de moyen de
paix. Ils ont chuté des vérités relatives et ultimes, et

par cette chute, la libération n'est pas accomplie[6]. »
La Voie du Milieu ne se fixe pas, ne s'arrête à aucune
vérité ; tout à la fois dans la négation et dans l'affirmation, elle maintient la thèse d'une identité des
contradictoires, « les essences depuis l'origine ne sont
pas nées en réalité, quoique (pour) le monde elles
soient nées[7] ». Précisant cette question, Chandrakirti
va montrer « que les aspirants à la libération doivent
commencer par réfuter l'inhérence du je », ce sera
l'objet de son exposé central ayant pour objectif d'établir le non-soi. « Voyant par l'intelligence que tous
les maux et perturbations ont comme origine la vue
relative à une collection destructible, reconnaissant
qu'elle a le je pour objet, l'adepte réfute le je[8]. » Sa
définition du je, perçu dans sa dépendance et donc
échappant à toute définition, est sans doute d'une
grande justesse doctrinale mâdhyamika : « N'étant pas
une essence réelle il n'est pas stable, il n'est pas insta-
ble, il ne naît ni ne périt, il n'y a pas non plus pour
lui permanence, ni identité ni différence[9]. »

Les seize formes de vacuité

L'originalité de Chandrakirti trouve à s'exposer de
façon significative à l'occasion de l'écriture de son
chapitre portant sur l'explication des divisions de la
vacuité. Remarquons préalablement, selon la tradition, que Nâgârjuna aurait affirmé que le non-soi
comporte de nombreuses divisions, il a d'ailleurs lui-
même, dans les textes de la *Prajnâpâramitâ,* identifié
dix-huit formes distinctives du vide.

Si Nâgârjuna affirme, à la suite du Bouddha, la vacuité de tous les *dharma*, il recense cependant au sein de la vacuité dix-huit formes particulières, et ceci en maintenant que la vacuité au sens absolu est vide d'elle-même, c'est-à-dire vacuité de la vacuité.

« Les dix-huit vacuités, dit Nâgârjuna, sont dix-huit manières de considérer les *dharma* en tant que vides (...). Les dix-huit vacuités sont vides (*sûnya*) et irréelles (*asadbhâtalaksana*). La *Prajnâpâramitâ* elle aussi est iréelle. » Les dix-huit formes de la vacuité, identifiées par Nâgârjuna, sont les suivantes : « 1). La vacuité des *dharma* internes. 2). La vacuité des *dharma* externes. 3). La vacuité des *dharma* à la fois externes et internes. 4). La vacuité de la vacuité. 5). La vacuité de la grande vacuité. 6). La vacuité de l'absolu. 7). La vacuité des conditionnés. 8). La vacuité des inconditionnés. 9). La vacuité de l'absolue vacuité. 10). La vacuité des *dharma* sans commencement. 11). La vacuité des *dharma* dispensés. 12). La vacuité des essences. 13). La vacuité des caractères spécifiques. 14). La vacuité de tous les *dharma*. 15). La vacuité consistant dans la non-perception. 16). La vacuité du non-être. 17). La vacuité de l'être propre. 18). La vacuité du non-être de l'être propre. » Nâgârjuna prend soin de préciser de la façon la plus claire son raisonnement, afin de permettre une juste compréhension de sa distinction des dix-huit formes : « Si on parle en résumé (*samksepena*), il faut poser une unique vacuité, à savoir la "vacuité de tous les *dharma*" (*sarvadharmasûnyatâ*, numéro 14 de la liste). Si on parle au long (*vistarena*), il faut poser une vacuité pour chaque *dharma* : vacuité de l'œil (*caksuh-sûnyatâ*), vacuité de la couleur (*rûpasûnyatâ*), etc., bref un nombre considérable. Pourquoi donc le *Prajnâpa-ramitâ-sûtra* ne pose-t-il que dix-huit vacuités ? Réponse : si on parle en résumé, le sujet n'est pas traité en entier ; si on parle au long, il devient surchargé. Ainsi, quand on prend un médicament (*bhai-sajya*), si on prend trop peu, on ne chasse pas la maladie (*vyadhi*), si on prend trop, on aggrave les tourments (*upadrava*). C'est en dosant le médicament sur la maladie et en n'en prenant ni trop ni trop peu (*anûnânâdhikam*) que l'on peut guérir la maladie. Avec la vacuité il en va de même. Si le Bouddha ne parlait que d'une unique vacuité, on ne pourrait pas détruire les multiples vues fausses (*mithyâdrsti*) et passions (*klesa*) ; s'il posait une vacuité à propos de chaque vue fausse, les vacuités seraient trop nombreuses. Les hommes qui s'attachent au caractère de la vacuité (*sûnyatâlaksanâbhinvista*) tombent dans (l'excès) du nihilisme (*ucchedânta*) ; parler de dix-huit vacuités, c'est atteindre exactement la cible (*laksya*). » Il en découle donc selon cette analyse que si « les *dharma* existent ainsi chacun en nombre défini. C'est par dix-huit sortes de *dharma* que l'on détruit l'inclination (*abhinivesâ*) à leur endroit : c'est pourquoi on pose dix-huit vacuités [10] ».

Se basant sur cet exposé descriptif et analytique, Chandrakirti en tire argument à son tour pour pénétrer dans le détail d'une classification personnelle de seize formes de vacuité, très proche de la classification nâgârjunienne.

Ces seize vacuités sont, d'après Chandrakirti, les suivantes : 1. La vacuité de l'intérieur. 2. La vacuité de l'extérieur. 3. La vacuité de l'intérieur et de l'extérieur. 4. La vacuité de la vacuité. 5. La vacuité du grand. 6. La vacuité de l'ultime. 7. La vacuité du composé. 8. La vacuité de l'incomposé. 9. La vacuité de ce qui est au-delà des extrêmes. 10. La vacuité de ce qui est sans commencement ni fin. 11. La vacuité de ce à quoi il ne faut pas renoncer. 12. La vacuité de nature. 13. La vacuité de tous les phénomènes. 14. La vacuité des caractères spécifiques. 15. La vacuité du non-appréhensible. 16. La vacuité des non-choses. A ces seize vacuités sont de plus adjointes quatre précisions essentielles : 1. Les choses sont vides de choses. 2. Les non-choses sont vides de non-choses. 3. La nature est vide de nature. 4. Les choses autres sont vides de choses autres. A la fin de cette longue liste, Chandrakirti précise qu'en réalité il n'existe pas de vacuité ou de non-vacuité, il en profite pour rappeler deux stances de Nâgârjuna : « On ne peut dire que Celui-ainsi-allé est vide, ni qu'il est non vide, vide et non vide à la fois, ou ni vide ni non vide. Ces mots ne servent que comme désignations » (*MK*, XXII, 11) ; « Si quelque chose était non vide, il pourrait y avoir quelque chose vide ; mais puisqu'il n'y a rien qui ne soit non vide, comment y aurait-il (une chose) vide ? » (*MK*, XIII, 7). Après quoi il tient à souligner : « Vide signifie privé d'existence inhérente. La première stance indique qu'on ne peut exprimer de thèse d'être en soi. S'il y avait quelque vacuité réelle, son support, l'être en soi des choses, existerait. Mais la vacuité est un caractère commun à tous les phénomènes, et comme il n'y a pas de phénomène qui ne soit non vide, la non-vacuité non plus n'existe pas [11]. »

Les seize vacuités sont l'objet d'une analyse rigoureuse où l'on regarde la spécificité de chacune d'entre elles ; on peut d'ailleurs retenir quelques réflexions lumineuses dont celle-ci : « Puisque les termes initial, ou du début, et final n'existent pas, le cycle est dit sans commencement ni fin. Parce qu'il est privé d'allée et de venue, le devenir est pareil à un rêve [12]. » Chandrakirti conclut son ouvrage par un exposé général des seize vacuités, il revient sur les formes sans forme du vide, et redonne par son travail une nouvelle validité à la doctrine de son maître Nâgârjuna.

A la fin de son traité, Chandrakirti évoque l'envol souverain de ceux qui ont obtenu l'Eveil grâce à la doctrine de la vacuité :

> « Ayant déployé les larges ailes blanches de la convention de l'aséité,
> Ce Seigneur des cygnes précède les cygnes ordinaires et, avec la force du vent de la vertu,
> Avance vers le sublime rivage de l'océan de qualités des Vainqueurs [13]. »

III. Shântideva et le Bodhicaryâvatâra

Celui qui aura cependant le plus d'influence parmi les derniers auteurs bouddhistes indiens fut sans aucun doute Shântideva, à qui sont attribuées deux œuvres, le *Siksâmuchaya* (Le Recueil d'enseignements) et le *Bodhicaryâvatâra* (Introduction à la vie menant à l'illumination). La légende raconte qu'il était, avant de se faire moine, le fils d'un roi du sud de l'Inde. Figure de l'université de Nalanda, Shântideva et son œuvre, au VIIIe siècle, apparaissent comme une sorte d'ultime témoignage du bouddhisme indien, avant que la puissante réaction brâhmanique ne contraigne les tenants de la Doctrine de l'Eveillé à se retirer dans d'autres contrées. Le *Bodhicaryâvatâra* est d'ailleurs l'un des derniers grands textes de la pensée mâdhyamika, son importance est considérable puisqu'elle exercera tout d'abord son influence sur les penseurs et réformateurs de l'orthodoxie brâhmanique, et en particulier sur celui qui en est certainement le plus représentatif sur le plan métaphysique : Shankara[14].

L'illusion chez Shântideva

Le *Bodhicaryâvatâra* de Shântideva, qui témoigne indéniablement de l'influence perceptible de la pensée shankarienne, deviendra le manuel de base de l'initiation dans les monastères tibétains. Le chapitre IX du *Bodhicaryâvatâra*, qui concerne directement la doc-

trine de la vacuité, revient sur la distinction nâgârjunienne entre vérité relative et vérité absolue, mais
l'originalité de Shântideva consiste à mettre en
lumière l'aspect illusoire de la réalité relative. « Les
profanes, qui s'en tiennent à la vérité erronée ou sens
commun, conçoivent le monde comme réel. Les
contemplatifs ou mahâyânistes, au contraire, qui
recherchent la réalité absolue, ont compris que le
monde n'est qu'un mirage, un rêve, une création
magique. — Nous retrouvons ainsi sous la plume du
dernier grand philosophe bouddhiste cette notion de
la *mâyâ* que le bouddhisme expirant va léguer à ses
vainqueurs hindouistes, et dont le chef de ceux-ci,
Shankara, fera le pivot de son système [15]. »

Poursuivant son dialogue avec les sectes hînayânis-
tes, Shântideva patiemment reprend les arguments de
l'école Mâdhyamika. On remarque, dans son texte,
de par son attention portée au caractère illusoire du
monde, des considérations nouvelles à propos de cette
question de l'illusion (*mâyâ*) et précisément en
réponse à des objections « bouddhologiques ». Ses
arguments enrichissent notablement la réflexion du
bouddhisme sur ce point. En effet, si les choses sont
illusion, le Bouddha lui-même est donc soumis à la
même loi : « Si les créatures ne sont qu'une illusion
magique ; si, se trouvant de fait et en réalité déjà dans
le *nirvâna,* elles ne continuent à transmigrer qu'en
apparence, en vertu d'une illusion, il s'ensuivra que le
Bouddha lui-même continue à transmigrer — ce qui
est absolument contraire au dogme. Shântideva
répond, comme plus tard dans le Vedânta mâyâvâdin

le fera Shankara, que, dans ce monde illusoire, tout se passe pratiquement comme s'il était réel[16]. » Shântideva précise de la manière la plus rigoureuse : « Aussi longtemps que les causes n'en sont pas interrompues, aussi longtemps dure cette illusion qu'est la pensée, et c'est pour cela que les créatures, de fait inexistantes, continuent à transmigrer. Mais quand les causes sont détruites, il n'y a plus production de cette magie de la pensée, il n'y a plus existence de la créature, même au point de vue de la vérité expérimentale » (*Bodhicaryâvatâra*, IX, 14b-15a)[17].

L'analyse critique de Shântideva

Point par point, avec patience et calme, Shântideva montre l'erreur des théories brâhmaniques ; presque tous les Darshana sont étudiés et réfutés, Sâmkhya, Nyâya, Vaiceshika, etc. Les protestations des docteurs orthodoxes à l'encontre de Shântideva ne sont pas nouvelles, les plus vigoureuses portent sur la négation du *nirvâna* qui se dégage des écrits du maître bouddhiste. « S'il n'y a pas de moi, s'offusquent les contradicteurs, il s'ensuit que l'acte périt pour l'auteur de l'acte et que le fruit est mangé par quelqu'un qui n'a pas accompli l'acte ! On ne voit pas en effet, répond tranquillement Shântideva, que l'auteur de l'acte et celui qui mange le fruit soient le même : autre celui qui meurt, autre celui qui renaît[18]. »
Les arguments de Shântideva, comme ceux de son maître Nâgârjuna, obligent les brâhmanistes à une

succession de questions qui aboutit toujours et inévitablement à la fatidique remarque : si le moi n'existe pas, si les créatures ne sont que du vide, inexistantes, pourquoi y aurait-il donc un *nirvâna* à atteindre ? La réponse de Shântideva est digne de Nâgârjuna : « Il n'y a personne en définitive, et l'effort vers l'illumination procède de l'illusion, mais comme elle a pour effet l'apaisement de la douleur, l'illusion du but n'est pas interdite [19]. » Ce cynisme, non dissimulé, heurte tout autour de lui ; sa fureur vacuitaire nie le moi, les sensations, la transmigration, rien n'échappe à la dialectique abolitive, « mais de ce négativisme radical, ou plutôt de cette négation de l'existence, une conséquence inattendue découle : c'est que, puisqu'elles n'existent pas, les créatures, par leur nature, sont déjà en état d'absolu nirvâna [20] ». L'apparente contradiction se fait illumination, le cynisme se transforme en juste compréhension, la négation absolue s'épanouit en Eveil absolu.

C'est pourquoi, et en cela Shântideva se situe dans l'exacte continuité de Nâgârjuna, « le salut ne saurait avoir qu'une valeur purement négative. Nous existons par l'illusion que nous avons d'exister, mais l'être délivré n'existe pas par une illusion qui soit sienne. Existe en apparence ce qui semble déterminé par les causes ; mais ce qui n'est plus déterminé par ces causes apparentes n'existe même pas de l'existence apparente » (*Bodhicaryâvatâra*, IX, 108). Détruisant élément par élément les arguments substantialistes, Shântideva développe, sans la limiter, sa critique, dans une continuelle mise en œuvre de la négation critique qui provoque chez ses auditeurs une angoisse. Or, c'est justement « quand les notions de l'expérience sont entièrement épuisées ou entièrement dissoutes qu'il n'y a plus de point d'appui pour l'examen, ni pour aucune opération mentale, alors c'est là le *nirvâna* » (*Bodhicaryâvatâra*, IX, 110).

La conclusion du traité de Shântideva est purement et authentiquement nâgârjunienne, niant tout à la fois l'existence et l'inexistence Shântideva écrit : « Tout cet univers est exempt de naissance comme de destruction. De ce fait, il n'y a aucune différence réelle entre les créatures délivrées et celles qui transmigrent. Aussi bien les créatures, en raison de leur vacuité, sont-elles déjà nirvânéennes. Les destinées successives des créatures sont illusoires comme des rêves, vides comme la tige du bambou. Les choses sont vides, tout est vide (*sûnyatâ*) » (*Bodhicaryâvatâra*, IX, 142-153).

7.

Les ultimes aspects
de la doctrine de la vacuité

Avec Shântideva, d'une certaine manière, s'achève le développement du bouddhisme indien Mahâyâna. L'histoire de la Doctrine va se poursuivre dans d'autres terres, dans d'autres contrées dont, non seulement sur le strict plan géographique, le Tibet représente pour la transmission de la Loi tout à la fois comme une frontière et un creuset exceptionnel. A la fin du VIIIe siècle, des érudits vont exercer un rôle déterminant dans l'expansion et la diffusion de l'Enseignement du Bouddha ; il s'agit tout d'abord de Sântaraksita et de son disciple Kamalasîla, puis du maître Padmasambhava, introducteur de la tradition *Dzog-chen* (Grand Aboutissement), une méthode de l'Eveil immédiat présentant de nombreuses analogies avec le Ch'an chinois, qui marquera durablement les deux plus anciennes écoles tibétaines : Nyingmapa et Kagyüpa.

I. Au Tibet

Sântaraksita et Kamalasîla étaient très nettement de tendance Mâdhyamika-Yogâcâra, forme dominante à l'époque en Inde. Sântaraksita écrivit non seulement un ouvrage le situant dans la pure tradition nâgârjunienne, le *Mâdhyamakâlankâra*, mais il est également et principalement connu pour être l'auteur du *Tattvasamgraha*, importante recension encyclopédique critique de la philosophie indienne traditionnelle. On considère que Sântaraksita posa définitivement les bases véritables du bouddhisme au Tibet. Ce qui explique, puisque la philosophie de Sântaraksita est comme une sorte de socle, de soubassement de la doctrine tibétaine, que le bouddhisme ait pris dans ce pays une tendance, une coloration très nettement Mâdhyamika-Yogâcâra. Par ailleurs, il y eut un épisode tout à fait curieux au sein du bouddhisme tibétain, après la disparition de Sântaraksita, dont on nous dit qu'il retourna mourir en Inde son œuvre de transmission accomplie. Nous assistons en effet à cette période à l'émergence d'une sorte de débat théorique, d'une discussion passionnée entre adeptes du Ch'an (*Dhyâna*), qui prônaient une voie directe non progressive et non discursive vers l'Eveil, et les disciples de Sântaraksita ayant à leur tête Kamalasîla luimême, adeptes d'une méthode plus pédagogique et réfléchie, pour tout dire plus gradualiste. Les uns et les autres étaient pleinement d'accord sur le fond de la doctrine au niveau absolu, mais ils se divisaient radicalement sur la façon d'y parvenir. La question des moyens, du comment revenait comme un éternel problème qui, finalement, aujourd'hui comme hier, distingue deux sensibilités, deux caractères et donc deux psychologies méthodologiques en permanence opposées. Comme il en était alors l'usage, l'arbitrage de ce type de débat doctrinal revenait traditionnellement au roi ; celui-ci finalement donna raison à Kamalasîla et à ses disciples, faisant de la position gradualiste la position officielle du bouddhisme au Tibet[1].

Il fallut attendre le XIe siècle, qui est considéré comme une période de renouveau, comme une seconde phase d'expansion du bouddhisme, pour que l'école Mâdhyamika bénéficie d'un nouvel élan. Ce fut toutefois, dans un premier temps semble-t-il, l'école de Chandrakirti qui profita de cette nouvelle situation et qui put exprimer sa position avec le plus d'aisance. Parallèlement, surgit une interprétation originale du Mâdhyamaka, qui prit le nom tibétain de *Shentong* (vacuité de l'autre) en opposition au *Rangtong* (vacuité de soi), et qui sera promise à une immense influence sur l'ensemble du bouddhisme au Tibet. Le Rangtong fondait son argumentation sur la notion de vérité ultime, concluant à l'absence de nature propre de tous les phénomènes ; l'école Shentong reconnaissait parfaitement cette analyse qu'elle faisait sienne, mais invoquait un troisième cycle d'enseignement de l'Eveillé, dans lequel celui-ci affirmait que tous les êtres possédaient la nature de Bouddha. Deux versets du *rGyud bLama* (*Ratna-Gotra-Vibhâga*)

exposent très clairement la position du Shentong :
« L'essence (de la Bouddhéité) est vide des impuretés
passagères dont les caractéristiques sont complètement séparées (d'elle ; cette essence cependant) n'est
pas vide de qualités insurpassables dont les caractéristiques ne sont en rien séparées (d'elle) » (*RGV* I, 154-
155) [2]. Dans le même texte il est précisé, que : « si la
Nature immuable est vide des impuretés passagères
qui lui sont tout à fait étrangères, elle n'est pas vide
des qualités qui ne sont pas différentes d'elle ». Cet
enseignement reçoit son nom de *Shen-tong* (*gzhan-
stong,* tib.), de par le fait qu'il diffère du *Rang-tong*
(*rang-stong,* tib.), en ce qu'il considère la vacuité
comme non vide de qualités ; « c'est en quelque sorte
une "évacuation de la vacuité", ou encore, une "vacuité de la vacuité", mais il faut dire expressément
que cette cataphase, ou affirmation, ne vient qu'après
l'apophase ou négation. (...) La voie de la vacuité qualifiée, dit F. Chenique, rejoint l'hypethéologie lumineuse de la tradition dionysienne [3] ». Ainsi s'explique
que le Shentong soutienne que sur le plan de l'absolu,
la vacuité est donc inséparablement liée à la clarté, à
la *claire lumière* de l'Eveil. Pour cette école, « la vérité
absolue n'est pas uniquement considérée comme la
vacuité dénuée de toute conceptualisation, mais
comme l'union indifférenciée de la vacuité et de la
clarté. Cette clarté de l'esprit est synonyme de sa luci-
dité et la vérité absolue est définie comme : l'insépara-
bilité de la clarté et de la vacuité [4] ». Il importe, pour
les maîtres de cette école, que l'esprit retrouve sa véritable nature, qui est tout à la fois vacuité et lumière,

« nature de Bouddha (qui) est désignée par trois aspects identiques en essence, correspondant aux différentes phases de sa purification. — La nature de Bouddha en tant que fondement : pure depuis l'origine, elle est l'union de la clarté et de la vacuité, identiques chez les Bouddha(s) et chez tous les êtres. — La nature de Bouddha en tant que chemin : par la pratique des moyens habiles, elle est progressivement libérée des impuretés contingentes qui la recouvrent. La nature de Bouddha en tant que fruit : lorsque toutes les souillures sont dispersées, la nature de l'esprit apparaît dans toute sa pureté. C'est la réalisation directe du *dharmakaya* spontanément doué de toutes les qualités des Bouddha(s) [5] ».

On voit sans peine immédiatement le danger d'une telle analyse qui, très facilement, peut revenir au substantialisme et retomber dans tous les pièges qui accompagnent ce type de position ; position comme on le sait inlassablement combattue par Nâgârjuna et les maîtres mâdhyamika. C'est pourquoi on précise souvent que ce savoir ne peut faire l'objet d'une connaissance livresque, et qu'il doit impérativement être transmis de maître à disciple, les risques d'incompréhension de cette notion de *claire lumière* étant, comme on l'imagine aisément, très nombreux. Quoi qu'il en soit, cette théorie, bénéficiant d'un important développement entre le XIVe et le XVIe siècle, participera directement à la constitution théorique définitive des quatre grandes écoles tibétaines, Nyingmapa, Kagyüpa, Sakyapa et Gelugpa, qui représentent encore aujourd'hui une sorte de conservatoire vivant de la pensée nâgârjunienne.

Toutefois, on prendra soin de préciser que les plus anciennes des écoles tibétaines, les Nyingmapa (signifiant d'ailleurs « anciens »), avec sa branche dzogchen, et les Kagyüpa (issus de Marpa, XIᵉ siècle, « tenants des enseignements oraux ») semblent avoir été nettement influencées, comme le montre le manuscrit de Touen-houang (Pelliot 117), par le Ch'an. Ceci explique d'ailleurs les critiques virulentes formulées à leur encontre par les Gelugpa, et surtout leur fondateur Tsongkhapa (1387-1414), qui les accusent d'être des adeptes, de par leur fidélité à Padmasambhava, de la doctrine du Ch'an. On pourrait sans doute voir en cela une indication assez évidente du profond attachement, jamais démenti (d'autant que de nombreux éléments indiquent que la tradition des *hva-çan*, soit les bonzes partisans de la méthode de Dhyâna / Ch'an, malgré une certaine marginalité, est encore très vivante), des plus anciennes écoles tibétaines vis-à-vis de la pratique de l'Eveil immédiat par l'assise juste et la concentration (*dhyâna*), pratique faisant de l'absence de pensée discursive (*avitarka, avilkalpa*) l'essence du « Trésor de la Loi ».

II. Le tantrisme (Vajrayâna)

Par ailleurs, puisque la tradition tibétaine reste aujourd'hui son quasi unique dépositaire, avec il est vrai, mais dans une moindre mesure, les école japonaises Shingon et Tendai, on doit signaler l'immense développement réalisé par le tantrisme au sein du bouddhisme du IIIe au XIIe siècle, et son influence constante au sein du Mahâyâna indien tout d'abord, et par la suite dans les écoles tibétaines, chinoises et japonaises. De l'Inde du Sud le tantrisme porte les traces de son attachement à la quête de la lumière, et du nord-est de l'Inde ce courant reçoit en héritage le culte de la sexualité, ce qui explique bien sûr l'iconographie spécifique que l'on peut découvrir dans ses représentations visuelles, mais aussi l'attention portée à l'union amoureuse, perçue comme forme du jeu cosmique entre les opposés, comme l'énergie éternelle du principe créateur, en lui-même mâle et femelle, qui doit faire l'objet d'une maîtrise rigoureuse. Outre un aspect magico-rituel très élaboré, le tantrisme présente un grand intérêt de par l'influence qu'exerça sur lui la pensée mâdhyamika.

L'école tantrique, nommée également Vajrayâna (Véhicule de diamant), qui vise à une prise en considération de la totalité du vivant, porte son attention sur la réalité dans ce qu'elle a de plus global en ne laissant aucun aspect de cette dernière en dehors de sa démarche libératrice. Ceci explique que soient intégrés, dans les pratiques de cette école, les phénomènes multiples de l'existence, parmi lesquels les plus élémentaires occupent une place de premier ordre. On retrouve d'ailleurs dans les rites tantriques la présence constante du vin (*madya*), de la viande (*mânsa*), du poisson (*matsya*), de céréales ou d'aliments, parfois même des excrétions humaines ou animales, ainsi que les gestes symboliques (*mudra*) et, bien sûr, l'union sexuelle (*maithuna*). Le tantrisme « s'adresse à tout l'être humain tel qu'il est dans ce monde, et d'abord à son corps qu'il faut transformer, consacrer, cosmiser, mais ne jamais mutiler. Puisque dans l'Eveil tout est égal, *samsâra* et *nirvâna*, le tantrisme pose au départ cette égalité qu'il n'est plus dès lors que d'accomplir. C'est là le paradoxe du tantrisme qui, extérieurement, apparaît comme surchargé de pratiques rituelles complexes, matérielles, alors que dans toute son orientation profonde, et, visiblement, dans ses formes les plus hautes, il est pure quête de l'Eveil parfait, mais une quête où tout l'être humain est impliqué[6] ». Ceci explique que le *Vajra* (Diamant) symbolise, de par sa forme caractéristique duelle et complémentaire, la vacuité en tant que puissance pure, l'unité jamais perdue mais toujours voilée, représentée par le Diamant éternel, le *Dorje* (Seigneur des Pierres), qui était à l'origine l'arme du dieu Indra. Parmi son immense littérature, dont les principaux textes sont le *Mahâvairocanasûtra*, le *Manjusrîmûlakalpa*, le *Guhyasamâja-Tantra*, le *Kâlachakra-Tantra*, etc., l'école tantrique insiste toujours sur l'égalité du *nirvâna* et du *samsâra* : « Grâce à elle, les yogin ne demeureront pas plus dans le *nirvâna* que dans l'océan redoutable et si difficile à traverser du *samsâra*, mais seulement dans l'essence même de la suprême Réalité où, en sa totale perfection, apparaît la plus pure et parfaite illumination des Bouddhas, inégalée, sans tache, au-delà de tout changement. C'est l'égalité envers toute chose ; ce n'est pas s'accro-

cher aux choses — les cinq agégats, etc. —, mais ce
n'est pas non plus les abandonner. Le yogin ne doit
pas contempler la vacuité, ni la non-vacuité. (...) Ce
que le sage doit réaliser dans la contemplation, c'est
qu'il est en réalité, tel l'espace, sans changement,
absolu, sans désir, pur éternel, libre de toute construction mentale » (*Prajnopâyaviniscayasiddhi*, IVe section) [7].

Le riche panthéon des divinités qui peuplent l'univers du tantrisme peut sans aucun doute surprendre,
mais cet ensemble quelque peu « baroque » n'a d'autre existence que celle de la vacuité d'où elle tire sa
réalité même. « La forme des dieux n'est qu'une
manifestation visible, un miroitement de la vacuité.
Elle est en réalité sans nature propre substantielle »
(*Advayavajrasamgraha*) [8]. Il en est de même des évoca-
tions (*mantra*), des visualisations, de l'exercice des
gestes (*mudra*), de la complexe géométrie des dia-
grammes (*mandala*), qui participent tous de l'énergie
cosmique non différenciée du vide. En ce sens l'Eveil
et le *Vajra* sont semblables à la vacuité, aucune réalité,
même la plus triviale, n'est étrangère à ce qui ne possède pas de nature propre. Véhicule quasi indépendant du Mahâyâna, le Vajrayâna est l'expression la
plus surprenante de la profonde compréhension du
caractère absolu de la vacuité. Souvent qualifié de
courant ésotérique, le Véhicule de Diamant porte son
attention vigilante sur « l'homme dans sa totalité,
corps, parole et esprit, qui est impliqué dans la quête
de l'Eveil et cet Eveil, dont l'expérience peut être faite
dans cette vie même, doit être la profonde prise de

conscience que l'homme ne fait qu'un avec la vérité ultime, la vacuité, symbolisée par le diamant inaltérable[9] ». Le tantrisme est incontestablement une des formes les plus déroutantes où s'exerce de manière très sensible la tradition non dualiste de la *Prajnâpâramitâ* et du Mâdhyamaka en particulier.

Poussant au plus loin dans sa logique le fait que rien n'est étranger à ce qui ne possède pas de nature propre, le tantrisme engage de ce fait un travail spirituel de l'Eveil, en englobant la totalité phénoménale constitutive du vivant, de l'être dans ce qu'il a de premier, d'organique ; sachant que le vide n'est pas différent des phénomènes et que les phénomènes ne sont pas différents du vide, rien pour cette école ne doit, et surtout ne peut, être écarté de l'entreprise libératrice.

III. En Chine

L'introduction du bouddhisme en Chine est attribuée à An Shigao, prince héritier du royaume de Parthie qui préféra se faire moine plutôt que d'assumer ses responsabilités dynastiques. Lors de son arrivée en Chine en 148 de notre ère, il crée des sortes d'ateliers de traduction des textes sanskrits, textes qui avaient pour particularité d'être essentiellement des écrits techniques à propos de l'exercice de Dhyâna, avec ses pratiques préparatoires afférentes, comme celles relatives aux pratiques respiratoires (*ânâpânasati*), ainsi que parallèlement des traités concernant les catégories numériques tels les cinq agrégats (*skandha*) ou les six organes des sens (*âyatana*). Il est frappant de constater qu'à son origine, à ses premiers débuts sous l'influence de An Shigao, le bouddhisme chinois est déjà marqué par la pratique de Dhyâna. Toutefois, ce n'est qu'au IVe siècle, c'est-à-dire après que l'empereur eut autorisé que ses sujets reçoivent l'ordination monastique, et que par là même ils deviennent moines, que surgit un foisonnement d'écoles que la tradition nomme les « six maisons et les sept écoles », toutes profondément influencées par l'étude du *Prajnâpâramitâ-sûtra*, et développant des analyses exégétiques spécifiques de la doctrine de la vacuité.

Les sept écoles

Ces sept écoles se partageaient de la manière suivante : l'école des Phénomènes en tant que tels, l'école des Impressions enregistrées, l'école des Illusions, l'école du Non-être de l'esprit, l'école de la Combinaison causale, l'école du Non-être fondamental et l'école réformée du Non-être fondamental. La rencontre entre la vacuité nâgârjunienne et le vide (*wu*) taoïste marquera durablement et profondément le bouddhisme chinois, d'autant que les concepts du *Tao-te king* se conjuguent admirablement bien, dans une certaine mesure, avec l'essence de la pensée Mahâyâna. Cependant c'est à un érudit indien,

Kumarajiva (344-413), que la Chine doit l'introduction véritable de la doctrine Mâdhyamika. En effet, cet infatigable traducteur fit connaître les textes fondamentaux de Nâgârjuna, en les enrichissant de nombreux et pertinents commentaires techniques. Kumarajiva est donc véritablement à l'origine directe de l'implantation d'un authentique courant Madhyâmika chinois qui prit pour nom école de San-lun, c'est-à-dire école des Trois Traités, en référence aux trois œuvres qui constituaient la base de sa pensée, le *Mâdhyamakâ-kârikâ*, le *Dvâdasadvâra-shâstra* de Nâgârjuna et le *Shata-shâstra* d'Aryadeva. Les principaux maîtres de cette école, après Kumarajiva, furent Tao-sheng et Seng-chao. Tao-sheng occupe une place toute particulière au sein de l'école San-lun, tant sa puissante personnalité intellectuelle lui permit d'élaborer une analyse à l'originalité singulière. Pour lui, admettre que tous les êtres possédaient la nature de Bouddha n'aurait su constituer une simple et abstraite affirmation de principe, mais devait être compris dans son sens le plus concret, le plus absolu. Ainsi, la compréhension de cette vérité première ne doit supporter pour Tao-sheng aucune relativisation, elle s'applique à toutes les catégories d'êtres, même les êtres les plus vils, les plus ignorants, ou pire encore à ceux qui sont sans foi (*Iccantika*), ceux qui ayant évacué toute préocupation élevée ne se soucient plus de parvenir à la bouddhéité. L'illumination soudaine de la vérité est donnée intégralement et sans effort, car pour Tao-sheng il n'y a pas d'état à atteindre que l'on ne possède déjà.

Cette illumination est, pour lui, révélation de l'unité profonde et essentielle du *nirvâna* et du *samsâra*, de la nature identique entre le vide et les phénomènes. Le sujet et l'objet, la vacuité et la forme sont unies comme une seule et même chose, une entité complète qui relève de l'identité entre le monde et le *nirvâna*. La nature de Bouddha c'est le monde phénoménal, le monde phénoménal n'est pas différent de la nature de Bouddha. Pour Tao-sheng plus aucune distinction ne doit être faite entre le *samsâra* et le *nirvâna*. « Atteindre l'autre rive », selon l'expression célèbre du « *Sûtra du Cœur* », devait s'entendre pour lui comme un véritable saut par-dessus l'abîme consistant à comprendre que l'Eveil jamais ne manqua. Cette prise de conscience est en réalité une compréhension soudaine qu'il n'y a rien à atteindre, que l'expression « atteindre l'autre rive » signifie simplement comprendre qu'il n'y a pas et qu'il n'y eut en réalité jamais d'autre rive. Il l'exprime admirablement de la façon suivante, qui n'est pas sans rappeler la dialectique négative de Nâgârjuna : « De même qu'en atteignant l'autre rive, si on l'atteint, on n'atteint pas l'autre rive. Ne pas atteindre et ne pas ne pas atteindre sont en réalité atteindre... Si vous voyez le Bouddha, vous ne voyez pas le Bouddha. Quand vous voyez qu'il n'y a pas de Bouddha, en réalité vous voyez Bouddha [10]. »

En 434, Tao-sheng meurt en chaire en laissant tomber son bâton, comme s'il voulait symboliser, par ce geste, la nécessaire et invisible continuité de la transmission de l'esprit d'Eveil. En 625, passant de

Chine au Japon, par l'intermédiaire du moine coréen Ekwan, l'école San-lun prit pour nom école Sanron, école qui influença l'ensemble des branches du bouddhisme japonais. Elle marqua également profondément le prince Shôtoku (574-622), auquel on doit l'unification du Japon.

Les cinq grandes tendances

Retenons que pendant un millénaire les influences de la pensée indienne baignèrent la Chine ; ces influences, déjà très diverses à l'origine, iront en se diversifiant sur le vaste territoire de l'Empire du Milieu. On distingue de cet écheveau multiple et complexe un ensemble de cinq grandes tendances : T'ien-tai, Terre pure, Hua-yen, Ch'an et Fa-shiang. Celle qui s'inscrit le plus directement dans la continuité théorique du Mâdhyamaka, et qui donc seule nous intéressera avec, mais pour une autre raison, le Ch'an, est l'école T'ien-tai (école de la Plate-forme céleste). Cette école, qui reconnaît en Nâgârjuna son premier patriarche, se réclame d'une conception dite des Trois Vérités, qu'elle attribue aux thèses nâgârjuniennes elles-mêmes. Soulignant la vacuité de toute chose, le T'ien-tai affirme que les phénomènes sont l'authentique expression de l'ainsité (*Tathata*).

L'école développe cette doctrine par une forme de conception tripartite de la vérité, cette vérité tripartite se décomposant en trois aspects, en trois vérités. La première est une sorte de constatation du caractère interdépendant des *dharma* et de leur vacuité. La seconde vérité précise que bien que vides, les *dharma* ont néanmoins une existence en tant qu'ils sont des phénomènes et donc disposent d'une apparence existentielle, limitée dans le temps bien évidemment de par la finitude, mais apparence capable cependant d'être perçue par les sens. Enfin la troisième vérité est simplement la synthèse des deux premières, c'est donc une sorte de vérité médiane, une vérité du « milieu » qui réunit et concilie le vide et les phénomènes, comme on le retrouve de manière constante dans le Mâdhyamaka et dans toutes les écoles qui relèvent de la doctrine de Nâgârjuna. Une vérité qui est, pour cette raison, considérée comme l'ainsité elle-même par l'école T'ien-tai. De cette conception l'école T'ien-tai fait découler le principe d'universelle complémentarité des phénomènes et du vide, l'union de la forme et de la vacuité. Toutefois cette école présente également, par-delà son caractère doctrinal, un autre aspect particulièrement original : il s'agit de la pratique d'un exercice méditatif nommé *Chih-kuan* ou *Zhiguan* qui traduit le sanskrit *Samatha-Vipashyanâ*, c'est-à-dire tranquillité et clairvoyance de l'esprit. Des ouvrages extrêmement techniques, écrits ou traduits par les maîtres T'ien-tai, développent les méthodes nécessaires pour pratiquer cette méditation, qui est devenue l'exercice de base du bouddhisme sino-japonais (voir p. 177, « La pratique de la vacuité : *zazen* »).

On doit constater que l'école T'ien-tai, par sa capacité unique à embrasser la totalité de l'énorme corpus théorique de la littérature bouddhique, est considérée comme la tendance la plus large, la plus universelle du bouddhisme asiatique, tendance confirmée sur un autre plan par sa conviction de la présence en chaque forme vivante, même la plus inférieure, de la nature de Bouddha. Les ouvrages majeurs de l'école T'ien-tai sont le *Mahâ-Shamata-Vipashyanâ*, le *Liu-miao-fa-men* (Les six portes merveilleuses du Dharma), et de nombreux commentaires du *Saddharmapundarîka-Sûtra* (Sûtra du Lotus) rédigés par Chih-i. Plus tard, au IXᵉ siècle Saichô (767-822), ou Dengyo Daishi (jap.), implanta l'école T'ien-tai au Japon où elle prit le nom de Tendai.

Saichô développera la méthode du *Shikan* (*Chih-kuan*), en invitant les moines de son école à le rejoindre sur le mont Hiei pour approfondir leur pratique. On doit souligner le rôle très important qu'il joua dans l'implantation du Zen dans le pays du Soleil Levant. En effet, au commencement de la transmission du Ch'an au Japon, entre le XIIᵉ et XIIIᵉ siècle, c'est dans les monastères Tendai que les premiers maîtres zen s'installeront pour diffuser leur pratique nouvelle.

L'originalité du Ch'an

Ceci nous amène tout naturellement à parler du Ch'an, tout au moins de son rapport à la pensée Mâdhyamika, avec laquelle il entretient des liens plus qu'étroits, même si les maîtres de cette école affichent, en apparence, quelques distances avec les préoccupations intellectuelles, en privilégiant l'attention sur la pratique de Dhyâna, qui préside et règne constament au cœur de la voie propre de cette tendance éminemment originale. En effet, le Ch'an, conjuguant l'héritage vécu de la vacuité nâgârjunienne ainsi que les traditions du *Lankâvatâra*[11] et du *Vimalakîrtinirdesa*[12] avec le pragmatisme du taoïsme chinois, donna naissance à un courant d'une rare efficacité méthodologique. Cette Voie directe vers l'Eveil, introduite en Chine par Bodhidharma selon la tradition, s'enrichira des personnalités singulières qui façonnèrent l'histoire de ce courant pendant des siècles. Avec des maîtres d'une rare dimension spirituelle comme Hui-neng (638-713), Yung-chia (665-713), Ma-tsu (709-788), Huang-po (env. 850) ou même Lin-tsi (env. 866)[13], le Ch'an est certainement l'exemple le plus pur, mais aussi le plus abrupt, de la mise en œuvre concrète de la vacuité nâgârjunienne et du vide taoïste. Cet aspect si particulier, si original de la Doctrine qui féconda le Zen japonais, garda non seulement en permanence la mémoire vivante de Nâgârjuna, mais lui voua un respect constant au point de l'intégrer, en lui faisant une place de choix, au sein de sa lignée indienne des vingt-huit patriarches qui se seraient succédé depuis le Bouddha jusqu'à Bodhidharma.

L'arrivée de Bodhidharma en Chine relève certainement autant de la légende que de la réelle apparition ou surgissement d'une forme de bouddhisme radicalement nouvelle. L'histoire rapporte la célèbre entrevue qui eut lieu entre le patriarche indien, depuis peu sur la terre chinoise, et l'empereur Wu de la dynastie Liang à Nankin. L'empereur, qui se flattait d'avoir encouragé et favorisé le développement du bouddhisme, pensa pertinent de poser quelques questions à Bodhidharma. Les réponses qu'il reçut du maître indien marqueront à tout jamais la tonalité spirituelle du Ch'an vis-à-vis de toutes les autres formes de bouddhisme. A la première question portant sur les mérites que l'empereur espérait légitimement avoir acquis de par son action en faveur de la Doctrine de l'Eveillé, Bodhidharma répondit sèchement : « Aucun mérite ! » Certainement ébranlé par cette première réponse relativement impertinente, l'empereur posa néanmoins une seconde question portant sur le sens suprême de la Sainte Vérité ; la réponse de Bodhidharma ne se fit pas attendre : « Un seul sens : la vacuité, rien n'est saint ! » De plus en plus perplexe l'empereur continua malgré tout son interrogatoire en demandant à Bodhidharma qui était celui qui osait lui parler de la sorte ; le moine indien lui dit incontinent : « Je ne sais pas ! » Il était évident qu'après une telle entrée en matière, il ne restait plus à Bodhidharma qu'à se retirer dans une solitude volontaire. Il le fit en se rendant sur le mont Song où se trouvait le célèbre monastère de Shao-lin ; les écritures nous disent qu'il se livra ensuite pendant neuf années à la méditation silencieuse face à un mur. Ce qu'il importe de retenir, c'est que l'essence du Ch'an, de par l'attitude de Bodhidharma, était établie, tant sur le plan doctrinal que sur la question de la méthode concrète (c'est-à-dire l'assise silencieuse en tant que

pratique fondamentale), sur des bases qui ne varieront
plus. Ou du moins, le Ch'an évoluera à partir des
éléments caractéristiques de cette forme si originale et
novatrice de bouddhisme ; Bodhidharma se situant
d'ailleurs comme le vingt-huitième patriarche de la
lignée indienne du Ch'an et le premier de la lignée
chinoise.

Le Ch'an cependant ne se développa véritablement
qu'à partir de Hui-neng (638-713), le sixième patriarche
selon la libre chronologie de l'école chinoise ; un développement qui doit tout autant à la pratique de Dhyâna, qu'à
la pensée du vide propre au taoïsme. Le *Liu-tsu-ta-shih fa-*
pao-t'an-ching de Hui-neng mais aussi le *Shin Jin Mei* de
Seng-ts'an (env. 606) sont caractéristiques d'une pensée
mêlant Tao et Sûnyatâvada. Les successeurs de Hui-neng,
sous les dynasties T'ang et Sung, enrichiront considérablement le corpus littéraire du Ch'an, comme nous en
donne l'exemple Yung-chia Hsüan-chüeh (665-713), et
son *Shôdôka*[14] (Chant de la réalisation de la Voie),
ouvrage dans lequel se font très nettement sentir les
concepts propres à l'école Mâdhyamika, sans oublier le
Sandôkai[15] (L'interpénétration des phénomènes et de l'essence) de Shih-t'ou Hsi-ch'ien (700-790), qui dans son
intitulé même reprend une expression caractéristique du
langage nâgârjunien. On distingue, au sein de la lignée de
la transmission du sud, c'est-à-dire de la transmission de
Hui-neng, « cinq maisons et sept écoles » : l'école Ts'ao-
tung (*Sôtô*, jap.), l'école Yün-men (*Ummon*), l'école Fa-
yen (*Hôgen*), l'école Kuei-tang (*Igyô*), l'école Lin-tsi (*Rin-*
zai) et ses deux branches, l'école Yang-chi (*Yôgi*) et l'école
Huang-lung (*Ôryo*). Alors que le Ch'an perdra de plus en

plus d'influence et de vitalité en Chine, au point de disparaître, sous la dynastie Ming, en tant que lignée de transmission après sa fusion avec l'école de la Terre pure, c'est en s'implantant au Japon qu'il reçut un second souffle, un dynamisme renouvelé.

IV. *Au Japon*

Lorsque le Ch'an fut introduit au Japon, au XIIe siècle, le bouddhisme y était déjà religion officielle depuis le règne de Shôtôku-taishi (593-621). Au VIIIe siècle, époque de l'implantation à Nara de la première capitale relativement stable de l'histoire japonaise, on distinguait dès cette date au sein du bouddhisme nippon six principales écoles : l'école Sanron, l'école Kusha, l'école Jojitsu, l'école Ritsu, l'école Hosso et l'école Kegon. Parmi ces six écoles, deux seulement se revendiquaient, d'une certaine manière, plus ou moins directement de l'héritage mâdhyamika, il s'agissait des écoles Sanron et Jojitsu. Cependant, sous l'influence croisée du pouvoir impérial et d'une sorte de penchant vers un syncrétisme de nature magico-religieuse, ces deux écoles sombrèrent, hélas, dans une sorte de léthargie philosophique. Un peu plus tard, lors de l'époque Heian (794-1184), apparurent deux nouvelles grandes écoles, Tendai et Shingon, qui seront appelées à jouer un rôle de première importance dans l'histoire du bouddhisme japonais. Nous n'évoquerons pas l'école Shingon, marquée par la figure charismatique de Kûkai (774-835), plus connu sous le nom de Kôbô Daishi, et qui développa une synthèse entre le shintoïsme et un bouddhisme immanentiste qui l'éloigna complètement de la pensée nâgârjunienne. Par contre l'école Tendai va s'imposer comme l'école prépondérante dans le cadre de l'implantation du Ch'an au Japon ; d'ailleurs son respect avoué pour la pensée Mâdhyamika n'y est certainement pas pour rien. Bien sûr, au cours des siècles, la portée de l'école Tendai ira inexorablement en s'amenuisant, jusqu'à ne plus présenter qu'une caricature d'elle-même. On doit néanmoins reconnaître, en toute objectivité, son immense rôle dans l'émergence de la réaction spirituelle du XIIe siècle.

C'est en effet à un moine Tendai du mont Hiei, Eisai (1142-1215), que l'on doit l'introduction de la branche Rinzai du Ch'an chinois au Japon. Myôan Eisai (Yôsai) Zenji, également connu sous le nom de Senkô (Zenko) Kokushi, effectua deux séjours en Chine, et c'est à l'occasion de son second voyage qu'il reçut le sceau de la confirmation (*Inka-Shômei*) des mains du maître chinois Hsü-an Huai-ch'ang de la lignée Ôryô. Non seulement Eisai à son retour devint le premier abbé du monastère de Kennin-ji à Kyôto, mais il est significatif de constater qu'il enseignait, outre le Zen Rinzai, mais également les doctrines des écoles Tendai et Shingon. La pensée d'Eisai progressa considérablement sous l'influence du Zen, dont il ne cachait pas qu'il le considérait comme une Voie supérieure à toute autre. Ses analyses sont d'une finesse argumentaire d'une remarquable précision, il revient d'ailleurs dans ses principaux ouvrages, le *Kozen Gokokuron*, le *Ichidai Kyôron Sôshaku* et le *Kissa Yôjô-ki*, sur les questions essentielles qui traversent le bouddhisme. Remarquons à ce propos qu'il y a souvent chez les maîtres zen comme une sorte de coquetterie de la spontanéité, car cette école, qui ne manque pas de bases philosophiques et métaphysiques, aime à les laisser voilées, cachées ou non dites. Or, les attitudes souvent les plus étranges, les propos apparemment les plus incohérents qui caractérisent la stratégie spirituelle particulière de l'école, ressortissent tous d'un substrat théorique des plus solides, substrat structuré par les éléments doctrinaux du Mâdhyamaka et les bases théoriques et méthodologiques du taoïsme. Bien évidemment, le respect exigeant du Zen à l'égard de l'expérience indicible (*Fukasetsu*) de l'Eveil (*Kenshô*) relève d'une haute attitude qui a pour but de montrer l'impossibilité de toute formulation rationnelle concernant cette question. Wu-men Hui-k'ai (1183-1260) aimait à répéter que celui qui a reçu le choc de l'Eveil est comparable à « un muet qui aurait eu un rêve », c'est d'ailleurs ce même Wu-men qui écrira en forme de poème mortuaire l'épigramme suivant :

> « Le vide est non né
> Le vide ne passe pas.
> Quand tu connais le vide
> Tu es semblable à lui. »

Ceci explique l'extrême réserve de l'école Zen vis-à-vis de tout attachement formaliste et trop révérentiel envers les textes sacrés, qui a pour origine une immense compréhension du caractère ineffable du *Fukasetsu*. La définition du Zen est à ce titre souvent volontairement réduite à quatre propositions fondatrices, que l'on attribue traditionnellement à Bodhidharma et qui seraient peut-être de Nan-chüan P'u-yüan (748-835), révélatrices de l'essence intime de l'école : « Une transmission spéciale en dehors des écritures (jap. *Kyôge betsuden*). Aucune dépendance à l'égard des écritures (jap. *Furyû monji*). Se diriger directement vers l'âme de l'homme (jap. *Jikishi-nin-shin*). Contempler sa propre nature et réaliser l'Eveil (jap. *Kenshô jôbutsu*). »

C'est pourquoi on peut légitimement affirmer que les moines mâdhyamika indiens qui pensaient qu'il n'y avait finalement rien à comprendre, comme le dira fort bien Bhâvaviveka : « Il est nécessaire de réaliser d'un trait (*ekalaksana*) que tous les *dharma* sont hors compréhension, c'est ce que l'on nomme pleine compréhension de la vérité (*satyâbhisamaya*) », sont les maîtres initiaux des grandes figures ultérieures du Ch'an / Zen.

Pénétrés, de par leur passage dans les monastères Tendai, des textes de la *Prajnâpâramitâ*, les maîtres zen incarnent, avec l'aide non négligeable de l'exemple comportemental du sage taoïste, la réalisation concrète de la doctrine du *sûnyatâ*.

La pratique de la vacuité (zazen)

À cet instant, il nous faut nous arrêter quelque peu sur une pratique qui occupe une place de premier ordre au sein de la Voie du Bouddha : la pratique de *zazen*. Cet exercice est à ce point intime de la doctrine de la vacuité, qu'il en incarne certainement la réalisation la plus exacte et la plus juste, la traduction la plus conforme et sans aucun doute la plus parfaite. Toutefois, si la pratique de la méditation silencieuse (*zazen*) va être l'objet au cours des siècles d'un large développement au Japon, et prendra l'importance que l'on sait, n'oublions pas qu'elle surgit après un long passage par l'Inde et la Chine. C'est pourquoi il est fort intéressant de se pencher un instant sur l'historique de cet exercice caractéristique, devenu si central dans le Zen japonais, à tel point qu'il en est comme l'image emblématique même du bouddhisme nippon.

On trouve en Chine des traces écrites décrivant la méditation silencieuse dès le VIIIᵉ siècle, c'est le cas du manuscrit, attribué à Mahâyâna le maître zen, découvert dans les grottes de Toueng-houang qui porte le titre de : « La porte d'entrée immédiate au Zen (Dhyâna) ». Le texte nous dit : « Celui qui comprend (...) doit abandonner toute activité, s'asseoir seul dans un lieu isolé et silencieux, les jambes croisées, le dos droit, sans dormir, le matin et le soir. Lorsqu'on entre en zazen, on regarde dans son propre esprit. N'étant que le non-esprit, on ne suit pas ses pensées. Si des pensées discriminantes apparaissent, on doit s'en éveiller. Comment pratiquer cet éveil ? Quelles que soient les pensées qui s'élèvent, on doit les examiner, qu'elles soient apparues ou non, qu'elles existent ou non, qu'elles soient bonnes ou mauvaises, qu'elles soient illusoires ou pures. Pas un phénomène, quel qu'il soit, ne doit être examiné. Si on s'éveille de cette façon, on comprend l'absence de noumène. C'est ce qu'on appelle "aller sur le chemin du Dharma" [16]. »

Il est toutefois important de noter que « les premiers exemples de transmission du Zen, comme pratique méditative et non comme école constituée, remontent à l'époque d'Asuka (593-710). Il faut mentionner en particulier la transmission à Dôshô (629-700). S'étant rendu dans la Chine des Tang et, après avoir étudié les doctrines Faxiang (*Yogâcâra*) et Chengshi (*Tattvasiddhi*), il se fit initier au Ch'an par Huiman (n.d.). Par la suite, l'enseignement de la lignée Puji (651-739), l'un des successeurs de Shenhui (668-760), a été transmis au Japon par l'un de ses émules chinois, Dao-xuan (702-760). Ce sont toutefois surtout les fondateurs japonais des écoles bouddhiques de l'époque Heian et leurs successeurs qui ont posé les premiers fondements de la pratique du Zen au japon : Kûkai (774-835), le fondateur de l'école Shingon, ainsi que Saichô (767-822), le fondateur de l'école Tendai. A la suite de Saichô, ce sont successivement Ennin (794-864) et Enchin (814-891), tous deux pèlerins appartenant à l'école Tendai, qui se sont rendus en Chine [17] ».

Un peu plus tard, au XIᵉ siècle, le maître chinois Wanshi écrira le *Zazenshin* (Le point de *zazen*), qui insistera sur l'immédiateté de la perception directe de la réalité de par la pratique du *zazen*. « Connaître sans toucher les objets, dit-il, cette connaissance est par elle-même fine. Regarder sans envisager les relations : ce regard est par lui-même délicat, cette connaissance est elle-même fine, elle n'a jamais connu la moindre discrimination. Ce regard est par lui-même délicat, il n'a jamais connu le moindre écart. Elle n'a jamais connu la moindre discrimination, cette connaissance n'est pas duelle mais une, il n'a jamais connu le moindre écart, ce regard comprend sans choisir [18]. » Cette technique de la non-pensée, cette méthode du Dhyâna, même si elle était introduite et connue depuis l'époque d'Asuka, deviendra néanmoins seulement à partir du XIIIᵉ siècle la pratique fondamentale du Zen japonais, elle en résumera l'essence et se révélera caractéristique de son attitude intime à l'égard du monde phénoménal.

En effet, le *zazen* s'imposera en tant qu'exercice même de l'Eveil du Bouddha et ira jusqu'à devenir l'unique objet de l'activité des moines de la branche Sôtô du Zen, grâce aux efforts importants de Dôgen Zenji. En effet lorsque Dôgen revint de Chine, il rapporta la tradition du *mokushô-zen*, c'est-à-dire l'exercice du Zen de l'illumination silencieuse, qu'il avait reçu de son maître Juching (jap. *Tendô Nyôjô*), qui restait un des derniers à enseigner la méditation silencieuse sous sa forme la plus pure et la plus dépouillée en tant que *shikantaza* (assise sans forme), juste s'asseoir. En implantant cette tradition au Japon, Dôgen, tout en diffusant de manière rigoureusement fidèle le *zazen*, allait contribuer à en préciser, comme peut-être jamais elle ne le fut, cette méthode de méditation dans des ouvrages qui resteront célèbres comme le *Fukan zazen gi* ou le *Gakudô yôjin shû*, ainsi que dans certains chapitres du *Shôbôgenzô*. Le *Fukan zazen gi* (Recommandations générales concernant les règles du *zazen*) fut écrit en 1227. Texte relativement court, c'est un véritable manifeste portant sur la pratique exacte du *zazen*. « Immobile assis dans le *samâdhi,* dit Dôgen, qu'on pense le fond de cette non-pensée. Comment penser le fond de la non-pensée ? Sans penser. Tel est l'art essentiel du *zazen. Ce zazen* n'est pas un exercice de méditation, ce n'est que la méthode du *dharma* de la tranquilité et de la joie. C'est la pratique-réalisation de l'accomplissement de l'éveil [19]. »

A la suite de Dôgen, de nombreux auteurs japonais enrichiront également l'immense corpus littéraire consacré à la pratique du *mokushô-zen*, et en premier lieu son propre successeur dans la Voie, maître Ejo (1198-1280) qui écrivit le *Komyozo zan mai*, dont chaque ligne est d'une remarquable profondeur : « Ne recherchez pas le *satori*. N'essayez pas de chasser les phénomènes illusoires. Ne haïssez pas les pensées qui surgiraient, ne les aimez pas non plus et surtout ne les entretenez pas. De toute façon, quoi qu'il en soit, vous devez pratiquer la grande assise, ici et maintenant. Si vous n'entretenez pas une pensée, celle-ci ne reviendra pas d'elle-même. Si vous vous abandonnez à l'expiration et laissez votre inspiration vous remplir en un harmonieux va-et-vient, il ne reste plus qu'un *zafu* sous le ciel vide, le poids d'une flamme [20]. » Il n'est peut-être pas inutile de signaler que ce texte fut conservé secret jusqu'à l'ère Meiji, ne pouvant être révélé qu'aux maîtres qualifiés choisis pour recevoir le sceau de la transmission.

Citons encore Keizan Jokin (1268-1325), ou bien Daichi Sokei (1290-1366) qui s'exprime de la manière suivante dans son *Daichi zenji hôgô* : « Pour en finir avec la grande affaire de la vie et de la mort, il n'y a qu'à emprunter la voie du *zazen*. Il n'y a pas plus court chemin. On place un coussin dans un endroit tranquille et on s'y assoit droit, le corps redressé. Le corps ne fait rien, la bouche ne dit rien et l'esprit ne réfléchit ni au bien ni au mal. On passe ainsi les jours, assis juste tranquillement face au mur. Il n'y a pas de vérité prodigieuse en dehors de cela. Et ce n'est pourtant pas passer son temps en vain [21]. » Commentant la phrase tirée du cinquième poème des « Stances des cinq propositions (jap. *goï*) du suzerain et du sujet » de Tôzan Ryôkai (807-869) : « Quant à moi, délaissant la séparation et la réunion, je retourne m'asseoir parmi les cendres », E. Rommeluère fait remarquer à juste titre qu'« il y aurait lieu de réfléchir à la représentation du corps méditatif dans la pensée chinoise et de penser la méditation zen comme une représentation psycho-corporelle de la "Voie du Milieu". Tous les textes ne recommandent-ils pas de ne pencher ni à gauche ni à droite, ni en avant ni en arrière, de ne penser ni au bien ni au mal, ni au passé ni au futur [22] ? ».

Ceci confirme le caractère proprement effectif et concret de la pratique du *zazen* en tant que forme réelle de la doctrine Mâdhyamika (jap. *Chûdô*), exercice de la pensée non-pensée structuré en une méthode unique et incomparable de la vacuité.

La doctrine de la vacuité au cœur du Zen

Par-delà l'importance prise par l'exercice de la méditation silencieuse au cours de l'histoire du bouddhisme japonais, la réflexion sur les questions métaphysiques ne cessera, au fil des siècles, de se faire encore plus marquée, plus évidente ; même si l'on prétend que la perspective étant différente il est impossible d'identifier la problématique de recherche des maîtres zen avec le questionnement philosophique, il est néanmoins évident que les textes des maîtres les plus importants relèvent tous indéniablement d'une réelle problématique métaphysique. Cette problématique est d'ailleurs très nettement sensible chez un disciple direct d'Eisai, disciple qui sera appelé à devenir la figure emblématique du Zen Sôtô au Japon : Dôgen Zenji (1200-1253).

Esprit supérieur, d'une finesse analytique remarquable de par sa rigueur, Dôgen embrassa la vie monastique au mont Hiei dès l'âge de treize ans. Il passa toute son adolescence dans ce lieu, se pénétrant des doctrines qui étaient présentes au sein de l'école Tendai. Cependant, vers sa quinzième année, une question devint pour lui obsédante. Si tous les êtres possèdent la nature de Bouddha, se disait-il, pourquoi donc est-il nécessaire de pratiquer une voie, de se soumettre à une discipline spéciale pour l'obtenir ? Toutes les réponses qu'il reçut le laissant insatisfait, il se décida de s'en ouvrir à Eisai, qui bénéficiait d'une renommée de sagesse, et qui était de nouveau au Kennin-ji à Kyôto depuis le retour de son second voyage en Chine. A la question de Dôgen, Eisai répondit sous la forme d'une citation du maître chinois Nansen (784-834) : « Aucun Bouddha n'a conscience de sa nature essentielle, seuls ceux qui sont semblables à des animaux, c'est-à-dire qui se dupent volontairement eux-mêmes, en sont conscients. »

Cette réponse provoqua comme un choc profond chez Dôgen, ce qui eut pour effet immédiat non seulement de faire disparaître en lui ses doutes, mais aussi de le convaincre de la nécessité de se mettre sur-le-champ sous la direction spirituelle d'Eisai. Il y resta malheureusement peu de temps, car la même année Eisai mourut après une vie monastique bien remplie. C'est donc sous la direction de Myôzen (1184-1225), le successeur d'Eisai, que Dôgen passa les huit années suivantes. En 1223, Myôzen et Dôgen effectuèrent un voyage en Chine, voyage qui allait avoir une importance considérable dans l'histoire spirituelle de Dôgen en particulier, et de l'école du Zen japonais en général. Myôzen et Dôgen furent reçus en Chine au célèbre monastère de Tien-tung, qui s'était illustré par le renouveau instillé par Ta-hui (1089-1163) à l'encontre du Ch'an de l'école Lin-tsi. Toutefois, le Zen qui était proposé par le successeur de Ta-hui, Wu-chi (env. 1224), ne procura aucun élément satisfaisant à Dôgen. En 1225, soit trois ans après leur arrivée en Chine, Myôzen décéda, laissant Dôgen poursuivre seul son voyage. Après avoir effectué quelques visites dans des monastères proches, Dôgen revint au Tientung au moment où Ju-ching (1163-1228) fut nommé abbé en lieu et place de Wu-chi qui venait de mourir. Cette rencontre fut décisive. Ju-ching (jap. Tendô Nyôjô) était un maître de l'école Tsao-tung (jap. Sôtô), qui non seulement appliquait une discipline monastique sévère, mais de plus enseignait un Zen très rigoureux, insistant particulièrement sur la pratique du *tso-ch'an* (jap. *zazen*), dans sa forme la plus pure, c'est-à-dire vide de tout contenu (*Shikantaza*). Dôgen avait enfin trouvé son véritable maître, mais en réalité, plus que cela, au contact de Ju-ching il allait découvrir l'essence libératrice de la vacuité.

La métaphysique nâgârjunienne du vide chez Dôgen

A son retour au Japon, en 1227, Dôgen n'eut de cesse de travailler au développement de l'école Sôtô, mais il ne négligea pas pour autant de se pencher sur un certain nombre de problèmes philosophiques fondamentaux, dont son œuvre restera éternellement marquée. Au sein de son *Shôbôgenzô* (L'Œil du Trésor du Vrai Dharma), qui comporte un ensemble de 75 à 95 essais selon les versions, Dôgen placera en bonne position des réflexions portant sur la *Mahâprajnâpâramitâ* (*Makahannya haramitsu*), la Vacuité (*Kuge*), la Nature de Bouddha (*Busshô*), le Dynamisme total (*Zenki*), L'Espace vide (*Koku*), l'Ainsité (*Immo*) ou plus significatif encore le Temps (*Uji*). On ne peut s'empêcher d'établir d'immédiates correspondances avec les thèmes qui constituent le *Mâdhyamaka-kârikâ* de Nâgârjuna. L'exercice de mise en parallèle de *Uji* et du dix-neuvième chapitre du « Traité » de Nâgârjuna, portant sur « l'analyse du temps », est proprement éclairant. De l'un à l'autre c'est la même et identique doctrine qui s'exprime, c'est la même pensée qui est développée. Certes, Dôgen teinte son propos de sa sensibilité personnelle, et l'analytique s'enrichit chez lui d'une dimension nouvelle définie comme l'unité de l'être et du temps : « l'être-temps ». Ce concept fondamental, propre à Dôgen, pose les êtres comme temps : « Le temps est toujours déjà être, tout ce qui est est temps [23] », et un peu plus loin : « Chaque être-temps devient un (seul) temps. L'être herbe est l'être chose sont également temps. Chaque être et tous les êtres sont l'univers entier [24]. » L'instant de l'éternel présent devient le « maintenant vivant de l'être-temps [25] ». Confondus dans une temporalité ontologique, les phénomènes existentiels ne sont pour Dôgen ni du passé ni du futur, ils sont toujours du présent constant de par leur être, et de l'être de par le présent. Le temps ne passe pas pour Dôgen, mais de la même manière il n'advient jamais, « le temps ne vient jamais, ne s'en va jamais [26] ». L'être-temps est combustion de l'ontologie positive, dissolution de l'ontologie négative, comme l'exercice de *zazen* est combustion de la pensée et dissolution de la non-pensée. Sous cet angle l'univers et les phénomènes sont en n'étant pas, ils sont dans leur non-être, ils demeurent dans la mobilité et passent dans l'immobilité, « l'univers n'est ni en mouvement ni immobile, ni en progression ni en régression [27] ». L'équivalent conceptuel de l'identité entre le *nirvâna* et le *samsâra* se traduit chez Dôgen, dans sa langue inimitable, par : « Tous les *dharma(s)* sont à leur place dans l'ordre des *dharma(s)* [28]. » Toutes les choses, tous les phénomènes, sont là où ils doivent être, tout est comme il devait être depuis toujours ; rien n'est troublé. Etre et non-être sont être-temps, pas de devenir et pas de non-devenir, pas de lien et pas de délivrance non plus. L'être-temps est l'essentielle vacuité de l'être-néant, et l'inessentielle phénoménalité de l'être-présent.

Maître Dôgen rapporte dans un chapitre de son *Shôbôgenzô*, en 1241, une anecdote qui témoigne de son attachement envers le maître du *sûnyatâ* ; il rappelle judicieusement qu'un jour, prêchant à ses disciples, Nâgârjuna se transforma sous la forme de la pleine lune ; revenu à son apparence normale, Nâgârjuna composa un poème que Dôgen cite, non sans souligner sa sympathie à l'égard de la formulation nâgârjunienne : « La prédication de la Loi (du Bouddha) n'a pas de forme, il n'est ni son ni couleur à son explication » (*Shôbôgenzô Busshô*). Cela est en vérité un parfait écho aux huit négations de la Voie du Milieu (*Madhyamâ-pratipad*) : « ni abolition, ni création, ni anéantissement, ni éternité, ni unité, ni multiplicité, ni arrivée, ni départ ». Les huit négations sont comme l'octuple fondement critique de la doctrine de la vacuité, elles en résument l'essence. A partir d'elles peut se décliner l'ensemble des négations et des contre-négations possibles. Ni commencement ni fin, tout ce qui est est en n'étant pas. L'absence d'être propre du relatif est le signe visible de la vacuité, tout ce qui existe est vide d'identité ; en tant que phénoménal, l'être est non-être. Rien n'apparaît, rien ne disparaît, l'être-temps est toujours déjà là, pas de *samsâra* à quitter, pas de *nirvâna* à rechercher, car « il n'y a ni annihilation ni permanence » (*MK*, XVIII, 10). Pas d'entrave dont il faudrait se libérer, pas de lien à briser, pas de rive à atteindre ; sans substance propre, l'être-temps est comme n'étant pas, n'est pas comme ayant toujours été. Pas de naissance, pas de mort, rien ne fut jamais troublé.

Le Zen connaîtra à partir du XIIIᵉ siècle un développement inégal à l'intérieur duquel des maîtres importants viendront apporter leur originalité à l'édifice historique de cette école singulière. Nous pensons à Hakuin (1686-1769), à Torei (1721-1792), et à de nombreux autres qui emprunteront cette « Voie qui ne mène nulle part », si on nous autorise à paraphraser le titre d'un ouvrage de Martin Heidegger. Cette Voie, qui se situe toujours dans l'informulable voisinage du vide, dont Nâgârjuna fit comprendre la subtile dialectique négative, se dévoile dans l'incompréhensible mystère de la vacuité. C'est donc au contact de l'absence que se révèle le silence des saints (*Aryatvsimbhâva*), celui qui n'est pas troublé, le Parfait Silence de la Voie du Milieu — le silence du chemin solitaire des forêts oubliées —, l'état de simplicité et de dépouillement (*Hakushi*). Vide d'identité propre, le triomphe du *sûnyatâ*, dans son invisibilité, est l'existence phénoménale dans sa détermination ontique ; l'inexistence du vide dans sa permanente et éternelle négation ontologique. Pas d'existence, pas d'anéantissement, rien qui ne soit apparu, rien qui ne meure. Sur ce chemin parfois difficile, souvent imprévisible, Dôgen prit soin, en forme de signe amical, de nous dire : « Ne soyez pas perturbés par le néant. »

« Ce qui n'a ni début ni fin n'a pas de milieu. »
(*MK*, XI, 2)

Notes

1. Contexte et perspective de la pensée de Nâgârjuna

1. « La rocambolesque biographie de Nâgârjuna (*Lon-chou p'ou-sa tchouan,* T 2047), attribuée abusivement à Kumarajiva, mêle Nâgârjuna à d'invraisemblables aventures et le fait vivre plus de trois cents ans, chiffre que les biographies postérieures iront jusqu'à doubler » (cf. *L'Enseignement de Vimalakîrti* (*Vimalakîrtinirdesa*), traduit et annoté par Etienne Lamotte, Institut orientaliste de Louvain, 1987, p. 71).

2. On divise généralement les œuvres de Nâgârjuna en trois groupes distincts : 1) La section des conseils : « La Précieuse Guirlande des avis au roi » (*Rajaparikatha-ratnamala*), « Lettre à un ami (*Suhrllekhâ*), « L'Arbre de sagesse » (*Prajnadanda*), etc. 2) La section des Hymnes : « Hymne au Darmadhatu » (*Dharmadhatustotra*), « Louange du Supramondain » (*Lokatitasvata*), « Hymne à l'inconcevable » (*Acintyastava*), etc. 3) La section dialectique : « Stances fondamentales sur la Voie du Milieu » (*Mula Madhyamaka-kârikâ*), « Soixante-dix stances sur la Vacuité » (*Shûnyatâsaptati*), « Réfutation des objections » (*Vigrahavyâvartinî*), « Soixante Stances de raisonnements » (*Yuktisastikakarika*), « Traité appelé finement tissé » (*Vaidalyasutranama*).

3. Darshana, de la racine sanskrite *drç*, « voir », désigne les six systèmes philosophiques classiques indiens (Nyâya, Vaisheshika, Shânkhya, Yoga, Mimâmsa et Vedânta), qui relèvent de la tradition védique orthodoxe, car ils reconnaissent l'autorité tradition-

nelle des Veda, des Brahmana et des Upanishad, ce qui explique qu'on les désigne du nom de « croyance » ou de « foi » (*astikya*), en opposition bien évidemment à la non-foi (*nâstikya*). Si le Nyâya et le Vaisheshika sont des Darshana analytiques, le Shân-khya et le Yoga sont considérés comme pratiques et synthétiques ; le Mimâmsa et le Vedânta, s'intéressant principalement à l'interprétation des Veda, ont un aspect plus directement spéculatif et théorique. Souvent contradictoires entre eux, en réalité ils répondent tous à un objectif unique : réintégrer l'âme (*âtman*) dans son unité première et originelle avec l'Absolu (*Brahman*), auxiliairement mais prioritairement aussi la délivrer du cycle éternel des morts et des renaissances.

4. Pour cette étude, sauf indication contraire, nous avons de préférence utilisé comme texte de référence le « Traité du Milieu » (*Mâdhyamaka-karikâ,* en abrévation : *MK*), traduit par Georges Driessens sous la direction de Yonten Gyatso, Ed. du Seuil, 1995. Cet ouvrage a été publié avec un commentaire d'après Tsongkhapa Losang Drakpa (1357-1419), *Un océan de raisonnement*, et Choné Drakpa Chédrub (1675-1748), *Un vaisseau pour s'engager sur « Un océan de raisonnement ».* Tsongkhapa, fondateur de la tradition Gelugpa du bouddhisme tibétain, « insiste sur la validité de la convention en tant que simple relatif, sur l'existence des phénomènes comme simples désignations, vides de nature propre et interdépendants » ; instructeur mâdhyamika d'une très grande dimension, penseur et théoricien de premier ordre, il est l'auteur de 18 volumes dont « La Grande Explication des étapes de la Voie » (*Lamrim Chenmo*) et « La Grande Explication du Mantra secret » (*Ngagrim Chenmo*).

5. L. de La Vallée Poussin, *Note à René Grousset* (*cf.* René Grousset, *Les Philosophies indiennes*, t. I, DDB, 1931, p. 203).

6. Maître Eckhart, *Traités et Sermons*, GF Flammarion, 1993, p. 245. (*Voir* : Appendice I, « Le Néant chez Maître Eckhart », p. 201.)

7. Saint Thomas d'Aquin, *De ente et essentia* (Ch., I, 25), Vrin, 1991, p. 18.

8. E. Gilson, *L'Etre et l'Essence*, Vrin, 1987, p. 132. (*Voir* :

Appendice II, « La problématique métaphysique de l'être et de l'essence », p. 204.)

9. L. Silburn, *Aux sources du bouddhisme*, Fayard, 1997, p. 176.

10. R. Grousset, *op. cit.*, p. 206.

11. *Id., ibid*, p. 209.

12. Chandrakirti, *L'Entrée au Milieu* (161 ab), Ed. Dharma, 1988, p. 261.

2. L'entreprise théorique de Nâgârjuna

1. E. Guillon, *Les Philosophies bouddhistes*, PUF, 1995, p. 57.

2. *Ibid.*, p. 59.

3. R. Grousset, *Les Philosophies indiennes*, t. I, *op. cit.*

4. G. Bugault, *L'Inde pense-t-elle ?*, PUF, 1994, p. 232.

5. La collection des textes appelée du nom de *Prajnâpâramitâ-sûtra* représente une masse impressionnante évaluée à quarante sûtra, soit environ 300 000 vers, rassemblés sous la même dénomination car traitant les uns et les autres d'un identique thème : la compréhension de la connaissance (*prajnâ*). Si quelques sutrâ ont été conservés dans leur version sanskrite, il faut néanmoins souligner que la majeure partie des textes auxquels nous pouvons avoir accès aujourd'hui sont en tibétain ou en chinois.

6. G. Bugault, *op. cit.*, p. 275.

7. *Abhidharma koça*, traduction de L. de la Vallée Poussin, Société belge d'études orientales, 1925, in R. Grousset, *op. cit.*, p. 163.

8. *Ibid.*, p. 165.

9. *Ibid.*, p. 184.

10. *Ibid.*

11. *Ibid.*, p. 152.

12. *Ibid.*, p. 153.

13. *Ibid.*, p. 168.

14. *Ibid.*, p. 169.

15. *Ibid.*, p. 170.

16. R. Grousset, *op. cit.*, p. 206.

17. Chandrakirti, *L'Entrée au Milieu* (147 *cd* 148), Ed. Dharma, 1988, pp. 252-253.

18. R. Grousset, *op. cit.*, t. II, p. 10.

19. E. Guillon, *op. cit.*, p. 80.

20. Chandrakirti, *op. cit.* (114-115), pp. 216-217.

21. Chandrakirti, *op. cit.* (127), p. 233.

22. R. Grousset, *op. cit.*, p. 141. Chandrakirti l'écrira d'ailleurs à de nombreuses reprises, avec beaucoup de clarté et de précision, jamais le Bouddha n'a prétendu dire : la pensée est seule existante et la matière (*rûpa*) n'a pas de réalité véritable, puisque pour le Bouddha et selon son enseignement, la pensée a aussi peu d'existence que la matière : « Si la matière n'existe pas ne concevez pas l'existence de l'esprit ; si l'esprit existe ne concevez pas l'inexistence de la matière. L'Eveillé les a rejetés ensemble dans le discours de la Sagesse » (Chandrakirti, *op. cit.* (135), p. 238). Il apparaît donc évident, aux yeux des disciples de Nâgârjuna, que la pensée n'existe pas en soi, elle est bien plutôt causée par la nescience (*avidyâ*).

23. J.-P. Schnetzler, *La Méditation bouddhique,* Albin Michel, 1997, p. 35.

24. F. Houang, *Le Bouddhisme,* Fayard, 1963, p. 37.

25. Ces deux stances sont données selon la traduction de Guy Bugault, *op. cit.*, p. 231.

26. E. Guillon, *op. cit.*, p. 59.

27. G. Bugault, *op. cit.*, p. 235.

28. *Ibid.*, p. 233.

29. J. Filliozat, *Les Philosophies de l'Inde,* PUF, 1995, p. 82.

30. *Ibid.,* p. 83.

31. *Ibid.,* p. 85.

32. F. Chenique, *Sagesse chrétienne et Mystique orientale,* Dervy, 1997, p. 523.

33. *Ibid.*

34. *Ibid.*

35. G. Bugault, *op. cit.,* pp. 221-222.

36. *Ibid.*, p. 223.

37. R. Verneaux, *Introduction générale à la logique,* Beauchesne, 1968, p. 84.

38. G. Bugault, *op. cit.*, p. 264.

39. G. Bugault, *La Notion de Prajnâ ou de sapience selon les perspectives du Mahâyana,* Institut de civilisation indienne, 1982, p. 211.

40. Aristote, *La Métaphysique,* Γ 3 1005 *b* 20, t. I, Vrin, 1964, p. 195.

41. *Ibid.,* Γ 1005 *b* 25, p. 200.

42. *Ibid.,* Γ 1008 *a* 30-34, pp. 213-214.

43. *Ibid.,* Γ 1006 *a* 15, p. 198.

3. La dialectique de la non-substance

1. E. Guillon, *op. cit.*, p. 16.

2. J. Filliozat, *op. cit.*, p. 36.

3. G. Bugault, *op. cit.*, p. 232.

4. Saint Thomas d'Aquin, *Summa theologica,* Prima Pars, Ia-33, 1, DDB,1936.

5. G. W. F. Hegel, *Phénoménologie de l'Esprit,* I, Aubier, 1939, p. 135.

6. M. Heidegger, *Qu'est-ce que la métaphysique ?,* Gallimard, 1967, p. 69.

7. Nous employons volontairement, pour ce passage, la traduction du « Traité du Milieu » effectuée par M. Walleser, et utilisée par R. Grousset dans son ouvrage, même si cette traduction a le défaut évident de trop rapprocher le langage nâgârjunien du discours technique de la philosophie occidentale. Ce travail (M. Walleser, *Die Mittlere Lehre* (*Mâdhyamika çâstra*), *des Nâgârjuna nach der tibetischen Version übersetz,* Heidelberg, 1911) possède néanmoins le mérite de mieux nous faire percevoir la dimension ontologique propre, ou plus exactement la force de la négation ontologique chez Nâgârjuna. (Cf. R. Grousset, t. I, *op. cit.*, p. 254.)

8. R. Grousset, *op. cit.*, p. 254.

9. *Ibid.*, p. 253.

10. Proclus, *Eléments de théologie,* Aubier, 1965.

11. R. Grousset, *op. cit.*, p. 254.

12. Dans sa traduction du texte tibétain du « Traité du

Milieu », Georges Driessens donne, comme suit, la version de cette stance :
« La nature de Celui-ainsi-allé (le Bouddha),
Cela est la nature de ce monde ;
L'absence de nature propre de Celui-ainsi-allé
Est l'absence de nature propre de ce monde » (*MK*, XXII, 16).

13. Voir Appendice III : « Nécessité et contingence selon René Guénon », p. 207.

14. On lira avec profit, sur ce sujet spécifique, l'ouvrage de Katsumi Mimaki, *La Réfutation bouddhique de la permanence des choses (sthirasiddhidûsana)* et *La Preuve de la momentanéité des choses (ksanabhangasiddhi)*, Institut de la civilisation indienne, 1976.

15. Saint Thomas d'Aquin, *Summa theologica*, 1a Pa, qu 10, A. I, BAC vol. 77, Madrid, 1940 : « *Cum enim in quolibet motu sit sucessio et una pars post alteram, ex hoc quod numeramus prius et posterius in motu apprehendimus tempus quod nihil aliud est quod numerus prioris et posterioris in motu.* »

16. M. Heidegger, *Temps et Etre*, Question IV, Gallimard, 1976, p. 14.

17. A. Boutot, *Heidegger*, PUF, 1989, p. 34.

18. H. D. Gardeil, *Initiation à la philosophie de saint Thomas*, t. IV, La Métaphysique, Cerf, 1966, p. 93.

19. Saint Thomas D'Aquin, *De Potentia*, III, 4 : « *Primus autem effectus est ipsum esse, quod omnibus aliis affectibus praesupponitur, et ipsum non praesupponit aliquem alium effectum.* »

20. Nâgârjuna, *La Précieuse Guirlande des avis au roi*, Ed. Yiga Tcheu Dzinn, 1981, pp. 16 *sq*.

21. Avec pertinence, Guy Bugault fait remarquer : « Il est bien vrai que Hegel et Nâgârjuna prennent acte de la contradiction qui est au cœur des choses, et qui est chez Hegel le moteur du devenir. Mais à partir de là leurs procédures divergent. La dialectique hégélienne s'accomplit dans le temps, dans une évolution, une histoire. Son horizon reste mondain. La dialectique nâgârjunienne est atemporelle, involutive, anhistorique. L'une est constructive, l'autre purgative, ablative, abolitive. Chez Hegel le mot *"fin"* correspond à un achèvement, une *samâpti*, chez Nâgârjuna à un *nirodha* ou *bhanga*. Le mouvement dialectique est géné-

ralement ternaire chez Hegel : position ou affirmation, négation, négation de la négation ; quaternaire chez Nâgârjuna, et encore la quatrième proposition du tétralemme ne fonctionne que comme une concession pédagogique et très provisoire » (G. Bugault, *op. cit.*, p. 332).

22. G. W. F. Hegel, *Science de la logique,* vol. I, Aubier, 1972, p. 74.

23. *Ibid.,* p. 85.

24. R. Grousset, *op. cit.*, pp. 259-260.

25. G. Bugault, *op. cit.*, p. 306.

26. *Ibid.*, p. 268.

4. La doctrine de la vacuité (sûnyatâvadâ)

1. Voir Appendice IV : « La contingence dans la métaphysique occidentale », p. 209.

2. R. Grousset, *Les Philosophies indiennes,* t. I, *op. cit.*, p. 224.

3. *Ibid.,* p. 225.

4. *Ibid.*

5. P. Demiéville, *Le Concile de Lhasa, une controverse sur le quiétisme entre bouddhistes de l'Inde et de la Chine au* VIIIᵉ *siècle de l'ère chrétienne,* Institut des hautes études chinoises, 1987, p. 109.

6. B. Faure, *Bouddhismes, philosophies et religions,* Flammarion, 1998, p. 150.

7. Nâgârjuna, *Traité du Milieu,* Seuil, 1995, p. 207.

8. *Ibid.,* p. 244.

9. *Ibid.*

10. Voir Appendice V : « Bouddhisme et nihilisme », p. 214.

11. Y. Susumu, *Nâgârjuna's Mahâyânavimçaka,* Eastern Buddhist (Kyoto), vol. IV, 1927, p. 169. (Cf. R. Grousset, *op. cit.*, p. 264).

12. P. Demiéville, *op. cit.*, p. 126.

13. J. Evola, *La Doctrine de l'Eveil,* Arché, 1976, p. 259.

5. L'héritage de la pensée de Nâgârjuna

1. R. Grousset, *Les Philosophies indiennes*, t. I, *op. cit.*, p. 275. Les citations du *Shata-Shâstra*, reproduites par René Grousset dans son ouvrage, et que nous utilisons également dans ce chapitre, viennent d'une excellente étude de G. Tucci, *Le Cente Strofe, Cataçâstra, testo buddhistico mahâyâna con Introduzione e Note*, estratto da : *Studi e materiali di Storia delle religioni*, vol. I, Roma, Anonima Romana Editoriale, 1925.

2. *Ibid.*, p. 284.
3. *Ibid.*, p. 286.
4. *Ibid.*, p. 289.
5. *Ibid.*, pp. 289-290.
6. *Ibid.*, pp. 291-292.
7. *Ibid.*, pp. 292-293.
8. *Ibid.*, p. 293.
9. *Ibid.*, p. 296.
10. *Ibid.*
11. *Ibid.*, p. 297.
12. *Ibid.*
13. *Ibid*, p. 299.
14. *Ibid.*, pp. 299-300.
15. *Ibid.*, pp. 300-301.
16. *Ibid.*, p. 302.
17. E. Guillon, *op. cit.*, p. 85.
18. *Ibid.*, p. 86.

6. Evolution de la doctrine Mâdhyamika

1. Chandrakirti, *L'Entrée au Milieu*, d'après la version tibétaine de Patsab Nyima Dragpa et Tilakakalasha, augmentée de l'auto-commentaire de Chandrakirti et l'exégèse de Tsonghapa intitulée *L'Illumination de la pensée*. Traduction établie sous la direction de Yonten Gyatso par Georges Driessens assisté de Michel Zaregradsky, Ed. Dharma, 1988, p. 144.

2. *Ibid.* (71), p. 167.
3. *Ibid.* (81 cd), p. 182.

4. *Ibid.* (87), p. 193.

5. *Ibid.* (114 cd), p. 216.

6. *Ibid.* (122), p. 227.

7. *Ibid.* (136), p. 240.

8. *Ibid.* (163), p. 263.

9. *Ibid.* (206), p. 302.

10. E. Lamotte, *Le Traité de la grande vertu de sagesse (Mahâprajnâpâramitâsâstra)*, Institut orientaliste de Louvain, t. IV, ch. XLII (suite)-XLVIII, 1979, p. 2043 ; cf. *Pancavimsati*, p. 24, 1. 10-17 ; *Satasahasrikâ*, p. 77, 1. 6-80, 1. 4, et pp. 2045-2046.

11. Chandrakirti, *L'Entrée au Milieu, op. cit.*, p. 318.

12. *Ibid.* (237), p. 324.

13. *Ibid.* (269), p. 337.

14. On ignore le lieu et la date exacte de la naissance de Shankara (Celui qui fait l'apaisement), il est certain néanmoins qu'il figure comme le plus grand métaphysicien de l'Inde médiévale du VIIIe siècle. Si la tradition rapporte qu'il fut une réincarnation du dieu Shiva, plus concrète est la forme même de son existence qui, après ses études achevées, voit le maître hindou embrasser la voie du renoncenent (*sannyâsin*), et se mettre en route pour prêcher la doctrine de la non-dualité (*advaïta*). Ce prêche, qui est dans un premier temps une vaste entreprise de réforme de l'hindouisme lui-même, entaché par de nombreuses pratiques magico-réductrices, est également, dans un second temps, directement orienté contre le bouddhisme, à cette époque encore largement diffusé. Non content de constituer plusieurs ordres d'ascètes, Shankara écrit un nombre important d'ouvrages théoriques ainsi que des commentaires des *Brahmasûtra* (*Brahmasûtrabhâshya*) et de la *Bhagavad-Gîtâ*. Voir Appendice VI : « Shankara et la non-dualité (*advaïta*) », p. 216.

15. R. Grousset, *op. cit.*, p. 327.

16. *Ibid.*, p. 329.

17. La traduction du *Bodhicaryâvatâra* est celle de L. La Vallée Poussin, *Bodhicaryâvatâra*, Paris, Geuthner, 1907, utilisée par R. Grousset, *op. cit.*, pp. 327-344. On lira par ailleurs avec intérêt dans *Comprendre la vacuité* (Ed. Padmakara, 1993) deux commentaires contemporains, puisque écrits par des disciples de

Dza Patrul Rinpotché (1808-1887), du chapitre IX du *Bodhica-ryâvatâra* (La Marche vers l'Eveil) de Shântideva : *L'Ambroisie des paroles de Manjushrî* de Khentchen Kunzang Palden, et *Le Flam-beau étincelant* de Minyak Kunzang Seunam.

    18. *Ibid.*, p. 334.
    19. *Ibid.*, pp. 335-336.
    20. *Ibid.*, p. 340.

7. Les ultimes aspects de la doctrine de la vacuité

    1. A propos de cette question de première importance, puis-qu'elle déterminera le devenir même du bouddhisme au Tibet, on lira l'ouvrage fondamental de Paul Demiéville, *Le Concile de Lhasa, op. cit.*.

    2. Cf. F. Chenique, *Sagesse chrétienne et Mystique orientale*, *op. cit.*, p. 143.

    3. *Ibid.*, pp. 143-144. François Chenique, dans son texte, donne la traduction effectuée par Khempo Tsultrim Gyamtso Rimpoché, concernant l'origine des expressions *Gzhan-stong*, et *Rang-stong*. Le *Rang stong* hérite son nom de la phrase tibétaine : *chos thams cad rang rang gi gno bos stong pa* (tous les phénomènes [*dharma*] sont vides de nature propre), que l'on résume par les deux mots soulignés *Rang stong*. Et le *Gzhan-stong* de : *gzhan glo bur gyi dri mas stong yang yon tan gyis mi stong* (Bien que [la nature ultime de l'esprit] soit vide des impuretés [ou imperfec-tions] passagères [qui lui sont] étrangères, elle n'est pas vide de qualités) ; « on résume cette phrase par les deux mots soulignés : *Gzhan stong*, que l'on peut rendre littéralement par "vacuité d'im-perfections". Nous préférons cependant à cette expression ambi-guë en français, celle de "vacuité qualifiée" qui semble mieux rendre l'idée principale de la définition tibétaine » (cf. Khenpo Tsultrim Gyamtso, *Méditation sur la vacuité*, Ed. Dzambala, 1980, p. 54).

    4. Khenpo Tsultrim Gyamtso, *Méditation sur la vacuité*, Ed. Dzambala, 1980, p. 54.

    5. *Ibid.*, pp. 54-55.

6. L. Silburn, *Aux Sources du bouddhisme*, Fayard, 1997, p. 288.

7. *Ibid.*, p. 297.

8. *Ibid.*, p. 290.

9. D. Gira, *Comprendre le bouddhisme*, Bayard/Centurion, 1989, p. 199.

10. Fong Yeou-lan, *Précis d'histoire de la philosophie chinoise*, Le Mail, 1985, p. 230.

11. Voir Appendice VII : « La philosophie du *Lankâvatara-sûtra* », p. 221.

12. Voir Appendice VIII : « Le *Vimalakîrtinirdesa (Vkn)*, et l'enseignement de Vimalakîrti sur la vacuité », p. 226.

13. Voir Appendice IX : « La pensée de Lin-tsi », p. 232.

14. *Le Chant de l'Eveil*, de Kodo Sawaki, commmentaires du *Shôdôka*, Albin Michel, 1999.

15. *Sandokai*, dans *La Pratique du Zen*, par maître Deshimaru, Albin Michel, 1981.

16. *Anthologie du bouddhisme Sôtô Zen, Les Fleurs du vide*, textes réunis et traduits par E. Rommeluère, Grasset, 1995, p. 30.

17. Takenki Genshô, *Nihon zenshûshi*, pp. 2-3, pp. 5-6, in Michel Mohr, *Le Traité de l'Inépuisable Lampe du zen de Torei (1721-1792)*, vol. 2, Institut belge des hautes études chinoises, 1997.

18. *Les Fleurs du vide*, *op. cit.*, p. 28.

19. *Ibid.*, p. 120.

20. *Komyozo zan mai de maître Ejo*, in *Le Trésor du Zen*, textes traduits et commentés par maître Taisen Deshimaru, Albin Michel, 1994, p. 33.

21. *Les Fleurs du vide*, *op. cit.* p. 213.

22. *Ibid.*, pp. 35-36.

23. Dôgen, *Shôbôgenzô uji*, traduit du japonais par Eidô Shimano Rôshi et Charles Vacher, Ed. Encre Marine, 1997, p. 43.

24. *Ibid.*, p. 49.

25. *Ibid.*, p. 53.

26. *Ibid.*, p. 69.

27. *Ibid.*, p. 73.

28. *Ibid.*, p. 67.

Appendices

I. Le néant chez Maître Eckhart

Il est significatif de constater que la formule d'Eckhart : « toutes les créatures sont un pur néant, je ne dis pas qu'elles sont peu de chose, c'est-à-dire quelque chose, non je dis qu'elles sont un pur néant. Ce qui n'a pas d'être est néant. Mais aucune créature n'a d'être (...) », issue du Sermon n° 4 « Il faut que Dieu se donne à moi », est exactement celle qui fit l'objet, parmi vingt-sept autres, de la bulle de condamnation « In Agro Dominico », du pape Jean XXII, le 27 mars 1329. Figurant au n° XXVI des formules jugées « téméraires » par le magistère, cette proposition (*Omnes creaturae sunt unum purum nihil ; non dico quod sint quid modicum vel aliquid, sed quod sint unum purum nihil*) est cependant tout à fait orthodoxe dans son affirmation du néant des créatures. Eckhart ne fait que pousser logiquement jusqu'à son terme le raisonnement de saint Augustin au sujet de la non-substantialité des êtres créés. « Sachez, dit saint Augustin, que vous êtes homme, homme dont la conception est une faute, la naissance une misère, la vie une peine, et pour lequel mourir est une nécessité. (...) Le corps doit nous apprendre lui-même ce qu'il est, ce qu'il offre après la mort, il le montre déjà pendant la vie. » (Cf. Abbé Barbier, *Les Trésors de Cornélius A. Lapide*, Julien Lanier, 1856, t. III, p. 382.) De la même manière, « Eckhart sait, comme saint Thomas, que si Dieu est l'Etre en soi, *en a se*, en qui l'essence et l'existence coïncident, l'être des créatures n'est qu'un être participé, *ens ab*

alio ». (Cf. J. Ancelet-Hustache, *Maître Eckhart et la mystique rhénane*, Seuil, 1971, p. 59.)

La problématique de la contingence des êtres créés et de la
suffisance de l'Etre incréé est une question qui agita énormément
la métaphysique médiévale ; les arguments eckhartiens bénéficient
cependant du poids non négligeable de l'Ecriture sainte, puisqu'il
y est clairement précisé, à plusieurs reprises, non seulement que
la créature n'est rien : « Venus du néant vos œuvres sont comme
n'étant pas » (*Ecce vos estis ex nihilo, et opus vestrum ex eo quod
non est*) (Is, XLI, 24), « Tu es poussière, et tu retourneras en
poussière » (*Pulvis es, et in pulverem revertis*) (Gen, III, 19), « Tous
les hommes ne sont que terre et cendre » (*Omnes homines terra et
cinis*) (Eccl XVIII, 31), mais également que le Nom propre de
Dieu est l'Etre lui-même : Ego sum qui Sum (Ex, III, 14). « Dire
que l'essence divine est suffisante, c'est, dit Maître Eckhart, affirmer que Dieu est lui-même son être, ou mieux qu'il est son propre
être : *Deus autem ipsum suum esse*. L'essentiel de la métaphysique
eckhartienne est acquis : Dieu est l'Etre lui-même, l'Etre est Dieu,
lui-même qui est (*Ipse est*). L'Ipséité de l'Etre est donc un solipsisme, car il n'y a d'autre possibilité d'être que d'être en lui. En
dehors de Lui, il n'y a rien : *Extra ipsum nihil*. N'être rien c'est
être sans Lui. La vie de l'être est en Lui qui est l'être lui-même.
Etre c'est donc être Dieu en Dieu, c'est être l'*Ipse* même de l'être »
(A. de Libéra, « Ipséité de l'être et solipsisme ontologique chez
Maître Eckhart », in « *Celui qui Est* », *interprétation juives et chrétiennes d'Exode 3, 14*, Cerf, 1986, pp. 158-159). N'oublions pas,
nous fait, et à juste titre, remarquer A. de Libéra, que Maître
Eckhart accomplit « une synthèse entre le néo-platonisme d'Augustin et celui de Denys », d'autant lorsqu'il reprend à son propre
compte des passages entiers du *De Consideratione* de saint Bernard ; pour mémoire voici ce que dit saint Bernard : « Qu'est-ce
que Dieu ? (Celui) sans lequel rien n'est. Il est autant impossible
que quelque chose soit sans Lui que Lui sans Lui-même. Il est
l'être de lui-même et de toutes choses et ainsi, en quelque façon,
Lui Seul est, qui est son propre être et l'être de toute chose »
(saint Bernard, *De Consideratione*, L. V, 6, 13).

Le fameux détachement eckhartien trouve donc son origine

dans cette absence d'être qui caractérise l'homme, car au néant existentiel du détachement répond, ou plus exactement correspond, le néant essentiel de la créature. Ainsi, le détachement « ne peut plus être compris comme une capacité de l'homme (et donc) comme une vertu au sens traditionnel, mais doit être compris comme une manière d'être à Dieu. (...) Le détachement véritable, en tant qu'état le plus haut de l'esprit humain, ne possède pas de point de repère auquel il pourrait se rapporter, il n'a pas de support et il se trouve dans un néant pur. Le détachement se trouve dans un néant pur et est absolument semblable au fait qu'il se tienne au plus haut, parce que c'est seulement dans le néant, *i. e.* dans ce qui n'est pas déterminé mais qui peut être déterminé, que Dieu peut et doit agir sans limite selon sa volonté » (M. Enders, « Une nouvelle interprétation du Traité eckhartien du Détachement », in *Revue des sciences religieuses,* USHS, n° 1, janvier 1996, p. 14). Dans cette même et identique optique, E. Waldschüte avait également montré que le néant était l'objet comme l'essence du détachement (cf. E. Waldschüte, *Meister Eckhart, eine philosophische Interpretation der Traktale,* Bonn, 1978, p. 384, n. 9-11), ce qui explique l'attitude de Maître Eckhart vis-à-vis de la prière : « Quand je ne demande rien, je prie véritablement » (*Sermon 65,* III, 35). « (...) là s'atteint l'ultime de l'enseignement eckhartien. L'homme n'est vrai, de vérité dernière, qu'en épousant de la sorte ce qui le constitue dans l'ultime ressaut de son être — son identité, d'origine et de terme, avec cette "déité" antérieure à "Dieu" même, fondement du multiple qu'il est comme représentation » (G. Jarczyk et P-J. Labarrière, « Une montagne de plomb effleurée par le vent », in Maître Eckhart, *Du Détachement et autres textes,* Rivages, 1994, pp. 21-22). Nous touchons ici au thème de la passivité et de l'abandon, où, pour Eckhart, il est beaucoup moins question d'agir que de se laisser agir, de se laisser vider, plutôt que de se vider, de laisser faire plutôt que de ne rien faire. « Le détachement tend vers un pur néant, (...) dans lequel Dieu peut agir en nous entièrement à sa guise. (...) Tout notre être n'est fondé en rien d'autre que dans l'anéantissement » (Maître Eckhart, *Sermons,* t. IV, 167, et t. I, 85, trad. J. Ancelet-Hustache, Seuil, 1974 / 1979, p. 25 et p. 195).

II. *La problématique métaphysique de l'être et de l'essence*

On aura le souci de conserver à l'esprit, sur l'ensemble des points qui regardent les notions propres de l'ontologie, que l'être et le non-être ne sont pas des concepts simples et univoques. « Il y a être et être : il y a l'être qui est, cet homme, ce chien, cette table, ce vase ; il y a l'être par quoi l'être est, la couleur de cet homme, la taille de ce chien, le contour de cette table ou de ce vase ; il y a l'être qui peut être, la semence de cet homme ou de ce chien, qui peut être cet homme ou ce chien, le bois de cette table, qui peut être table, l'argile de ce vase, qui peut être vase. Il y a non-être, et non-être : il y le non-être pur et simple qui n'est rien et qui n'est pas ; mais il y a le non-être relatif, qui n'est pas ceci, parce qu'il est cela. Et il y a deux sortes de non-être-relatif : il y a le non-être relatif, pur et simple : une flûte n'est pas un architecte ; et il y a le non-être relatif, qui peut être ce qu'il n'est pas encore : un nouveau-né n'est pas un architecte, mais il peut — ce que ne peut la flûte — devenir architecte » (cf. P.-B. Grenet, *Ontologie, analyse spectrale de la réalité*, Beauchesne, 1963, p. 25). Touchant cependant à la problématique de l'essence et de l'existence, la question se déploie selon un ordre de déterminations occupant un domaine qui est proprement celui de l'origine des êtres créés en tant que présents dans l'être. En vérité, dit Aristote, « l'objet éternel de toutes les recherches, présentes et passées, la question toujours posée : qu'est-ce que l'étant (*ti to on*) ? revient à ceci : qu'est-ce que l'*ousia* ? C'est cette *ousia*, en effet, dont les philosophes affirment, les uns, l'unité, d'autres la pluralité, cette pluralité étant pour les uns limitée en nombre, et pour d'autres, infinie. C'est pourquoi, pour nous aussi, notre objet capital, premier, unique pour ainsi dire, sera d'étudier ce qu'est l'étant pris en ce sens » (Aristote, *La Métaphysique*, Z, 1, 1028 *b*, t. II, Vrin, 1964, p. 239). Mais, pour Aristote, *ousia* est d'abord l'appellation de l'être dans son être, qu'est-ce que l'être revient donc à se demander qu'est-ce que sa *quiddité*, qu'est-ce que sa forme ? C'est donc l'essence qui peut répondre à la question, c'est l'essence qui seule fournit la réponse à la question sur ce qu'est l'être. « (...) les déterminations de l'existence suivent les déterminations de l'essence (...) en d'autres termes l'essence est la mesure de l'existence conçue comme sa simple modalité » (E. Gilson, *L'Etre et l'Essence,* Vrin, 1987, p. 133).

Il convient toutefois de préciser que « l'essence est ce par quoi une chose est intelligiblement ce qu'elle est en se distinguant de toutes autres choses. Elle constitue donc l'intelligibilité de la substance première. Elle n'est pas la substance elle-même, elle est plutôt son rayonnement en faveur de l'intelligence. La substance est en soi pour soi. Pour notre intelligence, elle est en soi par son essence. L'essence n'est donc pas construite a posteriori à partir de notre expérience du monde, mais elle est à l'origine de toutes les déterminations que nous attribuons à la substance » (P. Gilbert, *La Simplicité du principe*, Culture et Vérité, 1994, p. 62). C'est d'ailleurs exactement la définition traditionnelle de saint Thomas : « L'objet de l'intellect est ce qui est, c'est-à-dire l'essence de la chose » (saint Thomas, *Somme contre les Gentils*, I, 47, 4), mais précisons que, si « on appelle essence l'intelligibilité intrinsèque de la substance, la substance, elle, n'est pas connaissable si elle ne se donne pas comme telle dans les éléments intelligibles que nous recueillons dans notre expérience. La connaissance de l'étant résulte (donc) d'un labeur intellectuel allié au don que la substance fait de soi intelligiblement au sein du monde. Cependant l'intelligibilité est a priori achevée dans la substance. Elle n'est pas d'abord à la mesure de notre intellect — l'essence ne résulte pas de l'idéation de ses déterminations par l'intellect — elle naît de la substance, non des formes intellectuelles. (...) L'essence définit donc la substance en sa clarté originaire » (P. Gilbert, *op. cit.*, p 63). Ceci permet de mieux comprendre ce qui distingue la substance de l'essence : « L'essence est la catégorie de la présence de l'étant à l'intellect, elle est la substance en tant que connaissable » (E. Gilson, *Le Thomisme*, Vrin, 1945, p. 45.)

Cela dit, si l'on perçoit correctement ce qui distingue l'essence de la substance, il est une question qui reste délicate au sein de la métaphysique, c'est le rapport de l'essence à l'existence ; or ce sujet est l'un des plus problématiques. Au cours des siècles, les philosophes et les théologiens en ont débattu sans relâche, mais la tension s'accrut singulièrement lorsque saint Thomas, en christianisant Aristote, transforma une distinction logique, formulée par le maître grec, en distinction ontologique. Aristote s'était exprimé en disant qu'une chose est de se demander ce qu'est un être, c'est-à-dire d'interroger ce qu'il est, par la formule *Quid sit ?*, question à laquelle répond la définition de son essence, ou de sa quiddité (ceci est un homme, un animal, une fleur etc.). Et une autre chose de se demander s'il existe, c'est-à-dire *An sit* (existe-t-il) ? Or saint Thomas déclare dans son œuvre fondatrice, le *De Ente et Essentia*, que cette distinction logique est une distinction réelle, une distinction d'ordre ontologique. « Tout ce qui, en effet, n'appartient pas au concept d'essence ou de quiddité lui advient de l'extérieur et compose avec l'essence, parce que nulle essence ne peut être conçue sans ses parties. Or, toute essence ou quiddité peut être conçue sans que soit conçue son existence : je puis en effet concevoir ce qu'est l'homme ou le phénix, tout en ignorant si cela existe dans la nature des choses. Il est donc évident que l'existence est autre chose que l'essence ou quiddité, sauf peut-être s'il y a un être dont la quiddité soit son propre exister lui-même » (saint Thomas, *De Ente et Essentia*, V, 77, Vrin, 1991, p. 56). Ceci signifie qu'une créature peut être dotée de telle ou telle essence sans que pour autant elle soit existante, sauf dans le cas de Celui dont l'essence est justement d'exister, l'Etre dont dépendent tous les êtres dans leur être. « Il faut donc qu'en tout ce qui n'est pas cette réalité, autre soit son exister et autre sa quiddité, ou nature, ou forme » (*ibid.*, V, 80, p. 58.) La distinction thomiste répond à la théorie de la composition constitutive du fini. Pour qu'un être fini soit possible, saint Thomas considère qu'il doit être composé : « Il faut qu'en lui un principe de perfection soit lié à un principe de limitation, de sorte que, par son principe de perfection, l'être fini participe à la perfection de l'être et que par son principe de limitation, il appartienne au monde du fini » (F. Van Steenberghen, *Le Thomisme*, PUF, 1992, p. 21). Saint Thomas affirme donc que dans chaque être créé, l'être est tout autre chose que l'essence, qu'il y a une différence profonde de l'un à l'autre, l'être ne participe pas de la définition de l'essence.

Cependant, parler de distinction entre deux choses, c'est laisser penser que chacune possède sa réalité propre l'une indépendamment de l'autre. Mais que peut bien être la réalité d'une essence dans un être si elle est dépourvue de l'existence qui la rend actuelle ? La créature est une unité, donc dire qu'elle est signifie inévitablement ce qu'elle est ; l'essence et l'existence sont inséparables. Certes, saint Thomas répond que l'essence est en puissance dissimulée sous l'acte d'exister, et donc que la distinction est une distinction d'origine, mais en réalité cette affirmation ne fait que redoubler la difficulté car on se demandera alors comment une essence peut subsister en puissance sous une existence devant l'actualiser, une chose en puissance ne pouvant être en acte et en puissance en même temps. Donc, de deux choses l'une : soit l'essence possède l'existence, soit elle ne la possède pas ; son essence c'est son existence, son existence c'est son essence.

III. Nécessité et contingence selon René Guénon

Dans son ouvrage intitulé *Les Etats multiples de l'être*, René Guénon expose l'essence de sa pensée métaphysique. Remarquons que si Guénon admet que la manifestation est purement contingente, elle possède néanmoins à ses yeux sa réalité propre, sa « nécessité » en tant que fondée en principe dans la Possibilité universelle. Reconnaissant bien évidemment que si un être « n'a pas en lui même sa raison d'être, même immédiate, ce qui au fond reviendrait à dire qu'il n'est aucunement un être véritable » (*Les Etats multiples de l'être*, Ed. Véga, 1990, p. 102), Guénon ajoute toutefois que « si la manifestation est purement contingente en tant que telle, elle n'en est pas moins nécessaire dans son principe car, selon lui, de même que, transitoire en elle-même, elle possède cependant une racine absolument permanente dans la Possibilité universelle ; et c'est là, d'ailleurs, ce qui fait toute sa réalité. S'il en était autrement, la manifestation ne saurait avoir qu'une existence toute illusoire, et même on pourrait la regarder comme rigoureusement inexistante. (...) Dire que la manifestation est nécessaire dans son principe, ce n'est pas autre chose, au fond, que de dire qu'elle est comprise dans la Possibilité universelle » (*op. cit.*, p. 97).

Afin de préciser sa pensée il écrit encore : « C'est donc parce que la manifestation est impliquée dans l'ordre des possibilités qu'elle a sa réalité propre, sans que cette réalité puisse en aucune façon être indépendante de cet ordre universel, car c'est là, et là seulement, qu'elle a sa véritable raison suffisante » (*ibid.*). La manifestation est donc pour René Guénon tout à la fois nécessaire et contingente : « il n'y a, dit-il, aucune difficulté à concevoir que la manifestation soit ainsi à la fois nécessaire et contingente » (*ibid., pp. 97-98*). Toutefois, la contingence, l'impermanence, la causalité, ne sauraient pour Guénon frapper le Principe : « le Principe, précise-t-il, ne peut être affecté par quelque détermination que ce soit, puisqu'il en est essentiellement indépendant, comme la cause l'est de ses effets, de sorte que la manifestation, nécessitée par son Principe, ne saurait inversement le nécessiter en aucune façon » (*ibid., p. 98*).

Il en conclut que « tout ce qui existe en mode transitoire dans la manifestation doit être transposé en mode permanent dans le non-manifesté » (*ibid.*). La conception guénonienne est donc beaucoup plus proche en ce sens de l'ontologie brâhmanique, puisqu'elle refuse de soumettre, par principe, la Possibilité universelle à l'impermanence. De ce fait c'est reconnaître, grâce à l'action du Principe, la présence du nécessaire dans les choses créées et, par conséquent en elles, d'un fondement permanent (d'un Soi) ; d'ailleurs Guénon ne dira-t-il pas : « Ce sont essentiellement les états de non-manifestation qui assurent à l'être la permanence et l'identité » ? Bien évidemment, constate-t-il, « si l'on ne prend l'être que dans la manifestation, sans le rapporter à son principe non manifesté, cette permanence et cette identité ne peuvent être qu'illusoires, puisque le domaine de la manifestation est proprement le domaine du transitoire et du multiple, comportant des modifications continuelles et indéfinies » (*ibid., p. 32*). Mais loin d'en rester à ce simple constat et en rattachant la manifestation à sa source première et originelle, il montre en elle ce qui échappe au contingent et à la limite, ce qui relève du nécessaire par identité de nature, ou du moins par participation avec la Possibilité. Cette position aboutit donc, sur le plan métaphysique, à conférer une permanence dans l'être par inférence de la Raison suffisante, en soustrayant, de manière axiomatique, cette Raison à la détermination dont sont frappés les êtres.

En revanche, remarquons que, pour le Bouddha, et c'est ce qui constitue la grande différence d'avec l'ontologisme sous toutes ses formes, tous les *dharma* sont impermanents (*sabbe dhammâ anattâ, Dhammapada, XX, 7*), qu'ils soient manifestés ou non manifestés ; à ce titre la loi d'impermanence est absolue, et s'applique sans partage dans toute la force de son extension totale. Nous avons montré cependant (chapitre 7, p. 157), que le bouddhisme tibétain, d'une certaine manière, réintroduit une forme de transcendance, nommée « Claire Lumière », qui réconcilie le Principe inconditionné et le non-soi.

IV. La contingence dans la métaphysique occidentale

Il est particulièrement intéressant de constater la différence de conséquences théoriques qu'entraînera la conscience de la contingence universelle du créé, en Europe et en Orient. Si, chez les maîtres bouddhistes indiens, le constat de la finitude du créé conduit à plonger l'univers visible et invisible sous la domination de la loi d'impermanence, il en va tout autrement dans la pensée occidentale qui, à la suite d'Aristote, ne perçut dans l'être non uniquement son principe d'existence, mais également son principe d'activité que l'on peut définir comme principe de causalité. Ce principe se fonde sur une formulation logique, tirant de l'examen de l'existence sa justification. L'être, est-il dit, qui n'est pas par soi est nécessairement par un autre. C'est la définition classique de la contingence du créé, or tous les êtres qui nous sont donnés dans l'expérience sont des êtres contingents, aucun ne possède de lui-même l'existence. C'est la fameuse « troisième voie » de saint Thomas, qui insiste sur l'aspect corruptible des êtres qui ne peuvent que dépendre d'un Etre nécessaire. « Nous voyons des êtres contingents, c'est-à-dire des êtres qui peuvent ne pas exister, nous avons un signe certain de leur contingence dans ce fait qu'ils n'existent pas toujours, mais au contraire naissent et meurent. Tels les minéraux qui se décomposent ou rentrent en constitution d'un nouveau corps, tels les plantes, les animaux, les hommes. Voilà le fait » (R. Garigou-Lagrange, *Dieu, son existence et sa nature*, Beauchesne, 1950, p. 269).

Ce fait de la reconnaissance de la contingence est commun aux traditions bouddhistes et chrétiennes, mais la divergence apparaît dans les conclusions apportées, dans les réponses qui succèdent au constat du contingent. Pour saint Thomas, « des êtres pouvant exister et ne pas exister n'existent en fait que par un être qui existe par soi. Cet Etre doit exister par lui-même, car s'il était de même nature que les êtres contingents, bien loin de pouvoir les expliquer il ne s'expliquerait pas lui-même. Et peu importe que la série des êtres contingents soit éternelle ou non ; si elle est éternelle, elle est éternellement insuffisante, et dès toujours réclame un être nécessaire » (*ibid.*). Pour amplifier encore la force de son argument, saint Thomas fait intervenir au cœur de sa « troisième preuve » le problème du temps qui, nous l'avons vu, est totalement réfuté chez Nâgârjuna. Saint Thomas fait remarquer : « Après avoir constaté l'existence dans le monde d'êtres qui commencent d'exister, et qui ensuite cessent d'exister, s'il n'y a que des êtres contingents il est impossible qu'ils existent depuis toujours. Exister sans commencement ne convient en effet, en propre, qu'à ce qui est par soi et cela ne pourrait convenir à une série d'êtres contingents que s'ils recevaient l'existence d'un être qui est par soi, c'est-à-dire d'un Etre nécessaire. Si donc il n'y a que des êtres contingents, il fut un moment où rien du tout n'existait. Or si un seul moment rien n'est, éternellement rien ne sera » (*ibid.*, p. 270). C'est la fameuse loi philosophique affirmant que « du rien rien ne vient ». « Il faut donc qu'il y ait quelque être qui soit nécessaire, c'est-à-dire qui ne puisse pas ne pas exister ; et si cet être n'est pas nécessaire par lui-même, il tient sa nécessité d'un autre. Mais on ne saurait ici non plus procéder à l'infini, il faut donc conclure à l'existence d'un Etre qui est nécessaire par lui-même, et par qui s'explique l'être et la durée de tout le reste » (*ibid.*).

On le voit, de l'indigence ontologique de la création, la métaphysique chrétienne à l'aide du principe de causalité va tirer un des arguments les plus efficaces pour démontrer l'existence d'un Etre nécessaire. Du nécessaire au contingent, se dégage une structure en dépendance qui fonde la nature même de la créature. « La créature est dépendante à fond, en tant qu'être, et ainsi sous tous les rapports où elle participe de l'être, on dira que la créature est néant par elle-même... » (A. D. Sertillanges, *L'Idée de création et ses retentissements en philosophie*, Aubier, 1945, p. 59). La notion de création, qui surgit de la reconnaissance de la contingence du créé, établit la créature dans une dépendance directe de l'Etre nécessaire, Etre duquel elle tient la vie, le mouvement et l'être. La causalité devient, pour cette conception métaphysique, le principe central et moteur du monde phénoménal, puisque toute forme vivante existe par donation, par réception, d'un être, d'une existence qu'elle n'a pas, mais que recevant, elle perdra fatalement et irrémédiablement un jour. « C'est donc la création qui est la source et le principe déterminateur de toute activité dans le monde. Et parce que tout être est de Dieu à fond et n'a de consistance en lui-même que par sa dépendance de Dieu, sa suspension à Dieu : ainsi tout être n'agit qu'en vertu de Dieu ; son acte appartient tout à Dieu... » (*ibid.*, p. 92).

La notion de causalité se rencontre déjà chez Aristote dans ses *Seconds Analytiques* et sa *Physique* (II) ; pour lui la science était par définition la connaissance par les causes. Le principe de causalité est donc un principe premier, en ce sens qu'il est intimement lié au principe d'identité. « Il est possible, dit Maritain, de rattacher logiquement le principe de raison d'être au principe d'identité : par réduction à l'absurde. En effet, l'expression par quoi une chose est s'identifie à ce sans quoi elle n'est pas : ceci en vertu du principe de non-contradiction. Si donc une chose est qui n'a pas de raison d'être, c'est-à-dire qui n'a pas, soit en elle-même, soit en autre chose, ce par quoi elle est, cette chose, à la fois, est et n'est pas : elle n'est pas puisqu'elle n'a pas ce sans quoi elle n'est pas » (J. Maritain, *Sept leçons sur l'être*, Téqui, p. 112.) La causalité est donc essentiellement, pour la métaphysique chrétienne, une communication d'être, un rapport de création en dépendance d'une Cause nécessaire, d'un Etre non contingent et incréé dont tout provient en tant qu'être.

C'est contre cette conception qu'une virulente critique va se faire jour, chez un certain nombre de philosophes, qui refuseront catégoriquement les analyses justificatrices de la causalité transcendante. Pour Kant, lequel est très certainement celui qui, dans sa célèbre *Critique*, poussa le plus loin la réfutation des thèses de la métaphysique scolastique, la catégorie de la causalité ne possède de validité que par rapport à l'expérience phénoménale. « Le principe de causalité n'a aucune valeur ni aucun critérium de son usage ailleurs que dans le monde sensible ; or ici, il devrait servir précisément à sortir du monde sensible » (E. Kant, *Critique de la raison pure*, Alcan, 1905, p. 501). Kant refuse que l'ordre ontologique soit une transposition pure et simple de l'ordre logique. Pour lui, il n'est pas possible d'inférer d'un ordre sur un autre, c'est une opération philosophique irrecevable. On ne peut, pour Kant, d'une existence supposée, conclure à une existence réelle lorsque celle-ci n'apparaît jamais dans l'expérience. La raison ne peut prétendre, en se servant comme d'un levier du principe de causalité, dépasser l'ordre phénoménal.

L'esprit ne peut effectuer un pareil saut de l'ontique à l'ontologique, c'est une opération intellectuelle irrecevable ; entre l'ordre de la nature et l'ordre de la sur-nature il y a une différence infranchissable pour les seules capacités humaines. De ce fait, l'existence de Dieu qui, si elle est réelle, est de l'ordre de l'inconditionné et non du conditionné ne peut tomber dans le champ de notre expérience en tant qu'objet issu de la raison humaine limitée. L'Absolu ne saurait d'ailleurs en aucune manière être objectifié, puisqu'en tant qu'Absolu il est au-delà de toute relation. « L'idée transcendantale d'un être premier nécessaire, absolument suffisant, est si immensément grande et si élevée au-dessus de tout ce qui est empirique et toujours conditionné qu'on ne saurait jamais trouver dans l'expérience assez de matière pour remplir un tel concept » (*ibid.*, p. 508).

Heidegger, un peu plus tard, et dans un premier temps sous l'éclairage d'une analyse que l'on pourrait qualifier d'ontologie éthique, verra dans la causalité l'achèvement du nihilisme et le destin de l'oubli de l'être. Le principe de raison, qui fonde la notion de causalité depuis les temps modernes, détermine notre mentalité occidentale essentiellement technicienne, affirmera-t-il. Les prétentions contemporaines voulant soumettre le monde des étants au pouvoir démiurgique de la raison trouvent leur origine dans le principe de causalité qui, voulant réduire aux dimensions de la seule raison humaine la richesse multiple du monde et son inexplicable présence, a perdu le sens même de l'être.

« Le nihilisme est un mouvement historial (...) le nihilisme meut l'histoire à la manière d'un processus fondamental. Le nihilisme n'est donc pas un phénomène parmi d'autres, ou bien un courant spirituel qui, à l'intérieur de l'histoire occidentale, se rencontrerait à côté d'autres courants spirituels (...). Le nihilisme est bien plutôt, pensé en son essence, le mouvement fondamental de l'histoire de l'Occident » (M. Heidegger, *Chemins qui ne mènent nulle part*, Gallimard, 1992, p. 263). Sur le plan ontologique proprement dit, l'être est l'être, et sur ce seuil s'arrêtent les relations d'ordre ontique. Le malheur de la pensée occidentale, c'est qu'elle a voulu ramener l'être à l'étant. La différence ontologique entre l'être et l'étant qui, dans l'histoire de la pensée, pour Heidegger, ne fut jamais pensée, est l'histoire même de l'oubli de l'être qui ne fut lui-même jamais pensé en tant que tel, c'est-à-dire dégagé de l'étant. « L'essence du nihilisme consiste en ce que de l'être lui-même, il ne soit rien. L'être lui-même, c'est l'être en sa vérité, laquelle vérité appartient à l'être » (*ibid.*, p. 320).

En dernière instance, la philosophie heideggerienne rejoint paradoxalement la position du bouddhisme initial qui, en l'être, ne percevait outre l'impermanence et le devenir, ni fondement ni cause extérieure. L'être est ce qu'il est ; pour Heidegger, il est à lui-même ce qu'il est car, en réalité, il ne possède pas de nature propre, il est en son retrait, il se donne en se retirant, autant d'expressions de l'ontologie apophatique du maître allemand, qui pourraient parfaitement trouver place dans la langue nâgârjunienne. Que l'être soit identifié au *Nichts*, chez Heidegger n'est pas pour nous surprendre, le *Nichts* n'est d'ailleurs pas simplement le néant, il est l'Autre de l'être en l'être. Afin de préciser son sens, à l'intérieur d'un surprenant dialogue « entre un Japonais et un qui demande » (*sic*), on trouve l'échange suivant : « Pour nous, dit le Japonais, le vide est le nom le plus haut pour cela que vous aimeriez pouvoir dire avec le mot : être... » Celui qui demande, c'est-à-dire Heidegger, lui répond ceci : « ... en une tentative de pensée dont les premiers pas sont encore aujourd'hui incontournables » (M. Heidegger, *Acheminement vers la parole, d'un entretien de la parole*, Gallimard, 1990, p. 105). Le néant de Heidegger résonne bien comme la vacuité de Nâgârjuna, il est dans la présence des choses, dans leur être en tant qu'elles ne sont rien de l'être. « Le néant se révèle en propre avec l'étant, et tenant à lui, comme ce qui échappe dans son ensemble » (M. Heidegger, *Qu'est-ce que la métaphysique ? Questions I*, Gallimard, p. 69).

Il n'est donc pas surprenant de voir se dévoiler l'identité de l'être et du néant chez Heidegger, confirmant la thèse de la non-substantialité nâgârjunienne : « L'être pur et le néant pur, c'est donc la même chose » (*ibid.*), écrit Heidegger. Cette approche amicale du rien est simplement signalée en une sorte d'invitation à l'expérience de l'abîme par l'exercice de la pensée non-pensée : « Le vide est le même que le Rien, à savoir ce pur déploiement que nous tentons de penser comme l'Autre par rapport à tout ce qui vient en présence et à tout ce qui s'absente » (M. Heidegger, *Acheminement vers la parole*, p. 104). Ce vide, ce néant ne sont pas différents de l'être, car ils sont l'être de l'être. L'être est néant précisément en tant qu'il est être : *Aber dieses Nichts west als das Sein* (Ce néant est essentiellement l'être) (M. Heidegger, *Qu'est-ce que la métaphysique ?* p. 76). Par une étrange rencontre trans-historique, la pensée de Heidegger se retrouve dans une sorte de convergence intime avec les intuitions orientales ; c'est certainement un signe important dans l'histoire de la pensée, et qui ne doit pas être sous-estimé. Cependant, n'oublions pas que la domination du principe de raison pendant plusieurs siècles a déterminé le cours même du destin mondial, et que la rencontre, par-delà les cultures, de la pensée de l'être heideggerienne et de la non-substantialité nâgârjunienne ne saurait modifier le cours de l'histoire, qui n'est autre d'ailleurs que le cours de l'histoire déterminée de l'oubli de l'être, car il est dans la nature et le destin de l'être d'être oublié.

V. Bouddhisme et nihilisme

Aucune notion n'est plus sujette à confusion que celle du vide. Pendant des siècles les penseurs européens identifièrent le vide bouddhique au néant pur et simple ; cela s'explique certainement par la très mauvaise connaissance des doctrines orientales qui caractérisa l'histoire de la pensée occidentale jusqu'à nos jours. « La découverte du bouddhisme est un fait très récent de l'histoire occidentale », précise Roger-Pol Droit dans son livre remarquable *Le Culte du néant* (Seuil, 1997, p. 11). Cet ouvrage, portant sur l'analyse de cette longue incompréhension entre l'Orient et l'Occident, est en effet très éclairant sur ce point précis de la méprise historique qui pesa lourdement dans le raisonnement philosophique en Europe.

En étudiant la frayeur du néant que les penseurs occidentaux ressentaient à l'égard du bouddhisme, Roger-Pol Droit, tout en soulignant que cette peur semble à présent oubliée, fait néanmoins remarquer : « On en trouve pourtant des marques multiples et diverses chez les philosophes allemands — parmi lesquels Hegel, Schopenhauer, Nietzsche, entre autres. Elle a également laissé des fortes traces chez les Français, de Cousin à Renouvier, en passant par Taine et Renan. Tous ont en commun d'avoir considéré le bouddhisme comme un nihilisme, dont il fallait avoir peur ou d'autant plus attirant qu'il faisait peur, d'avoir lié le bouddhisme et le pessimisme en une pensée mortifère et négatrice, tout entière opposée à l'ordre "normal" du monde — occidental, chrétien, vivant, affirmatif... C'était une méprise à l'évidence. Mais quel fut son sens ? » (*ibid.*, p. 16).

Le sens de cette erreur apparaît très clairement au fil des lignes : « A mesure que se rassemblaient et que se comparaient les textes des penseurs du XIXᵉ siècle, il devenait évident que la découverte du bouddhisme, et surtout sa réélaboration sous la forme de cet impossible culte du néant, avait eu partie liée, dans la pensée philosophique occidentale récente, avec l'élaboration du nihilisme et la distinction de ses registres de sens » (*ibid.*, p. 38). Il en découle une triple forme de nihilisme selon l'analyse de l'auteur, tout d'abord un nihilisme ne distinguant pas l'être du néant, une sorte de nihilisme ontologique, un second nihilisme du refus volontaire de la vie, du rejet de l'existence et des existants, une pulsion de mort, une attirance vers le rien et, enfin, un troisième nihilisme particulièrement paradoxal, ressentant comme une blessure toute interprétation de la vie ou du monde. Le sentiment de Roger-Pol Droit, dans l'avancée de son travail, est le suivant : « Sous prétexte de parler du Bouddha, ces textes ne parlaient pas seulement de l'Europe de leur temps, d'un XIXᵉ agité de toutes sortes de turbulences, mais ils parlaient aussi de notre temps, du

XXe siècle et de son "culte du néant" » (*ibid.*, p. 41). On voit donc à quel point il fut opéré en Europe une surimpression à l'endroit d'une pensée qui était en réalité très éloignée d'un nihilisme formel qu'on voulait de toute force, et bien à tort, lui attribuer, opération qui répondait plus à une nécessité spécifique aux penseurs européens, qu'à la véritable Doctrine libératrice authentique de l'Eveillé.

VI. Shankara et la non-dualité (advaïta)

Plus se développera l'action réformatrice de Shankara, plus sa doctrine se précisera et s'affirmera comme l'expression d'un non-dualisme absolu (*kevalâdvaïta*), qui invite à une compréhension renouvelée des Veda. « A la suite de la classique école du Vedânta (fin du Veda) qui systématise les conceptions philosophiques des Upanishad, il n'admet qu'un seul Principe, le Brahman suprême qu'il définit positivement comme Etre absolu (*sat*), Conscience pure (*çit*) et Béatitude éternelle (*ânanda*) » (B. Barzel, *Mystique de l'ineffable*, Cerf, 1982, p. 62). Shankara quant à lui l'exprime de la manière suivante : « Seul existe le Brahman, l'Un sans second, dont la nature est *sat-çit-ânanda*... ; en Lui, il n'y a pas de trace de dualité. Et qui ne peut être atteint ni par le langage ni par l'intellect ; en Lui il n'y a pas trace de dualité ! Seul existe Brahman, l'Un sans second, la suprême Réalité — qui resplendit de son propre éclat — qui ne doit son existence qu'à Lui seul » (Shri Shankaraçârya, *Viveka-Cûda-Mani*, Adrien Maisonneuve, 1946, p. 121).Contrairement aux bouddhistes qui rejetaient l'autorité des Ecritures, Shankara déploie une vigoureuse argumentation pour faire admettre l'importance première des textes de la révélation védique. Rappelons que la Révélation hindoue (*çruti*) comporte quatre Veda qui sont le Rigveda (le Veda des strophes), le Yajurveda (le Veda des formules), le Sâmaveda (le Veda des mélodies), et l'Atharvaveda (le Veda de la magie). Le dernier élément de cette Révélation est constitué par les Upanishad, qui présentent une démarche très nettement ontologisante et métaphysique. Shankara pour sa part écrira des commentaires de dix Upanishad majeures, la *Brihadâranyaka*, la *Chândogya*, la *Taittiríya*, l'*Aitareya*, la *Kena*, la *Katha*, l'*Iça*, la *Mundaka*, la *Praçna* et la *Mândûkya*. « Le Texte védique est infaillible (*nirdosha*), aime à dire Shankara, il est moyen de connaissance ». (Shankara, *Prolégomènes au Vedânta*, IPEC, 1977, § 8, p. 49). Cependant, le maître hindou développera une analyse théorique qui, d'une certaine manière, permettra un accès direct et immédiat à la compréhension de la totale identité de toute chose avec le Brahman. Pour Shankara rien n'est en dehors de Brahman, tout est Brahman, aucune chose n'est différente de l'Unique et Premier dans l'être. « Pour qui a réalisé la Vérité des vérités, où y aurait-il une entité autre que le Brahman, une entité indépendante du Brahman ? — Tout cet univers que l'Ignorance (*avidyâ*) nous présente sous l'aspect de la multiplicité n'est pas autre chose que le Brahman, à jamais affranchi de toutes ces limitations qui conditionnent la pensée humaine. (...). L'univers tout entier n'est que l'effet de Brahman, l'unique Réalité ; il n'est donc rien d'autre que Brahman. Cela est sa véritable substance, et le monde n'existe pas indépendamment de Cela. L'homme qui dit l'univers est reste sous l'influence de l'illusion (...). Assurément, tout cet univers est Brahman... Par conséquent, tout ce qui existe est Brahman et rien d'autre que lui » (Shankara, *Viveka-Cûdâ-Mani*, pp. 67-69). Cette vision entraîne, comme par un effet naturel, la prise de conscience d'une parfaite identité entre la créature et le Brahman, d'où la célèbre expression : « Cela tu l'es, toi aussi (*tat tvam asi*) », sous-entendu : Toi également, en tant que tu es ce que tu es, tu es Brahman, tu n'es pas différent de l'Un sans second, du non-né éternel. « Tout cet univers qui procède de Brahman — l'unique Réalité — est Brahman Lui-même et Brahman sans plus. C'est parce que rien n'existe hormis Brahman — c'est parce que Cela est la seule Réalité — cette Réalité qui ne doit son existence qu'à Elle seule — C'est parce que Cela est notre véritable soi, que tu es toi-même ce suprême Brahman de paix et de pureté — l'Un sans second » (*ibid.*, p. 72).

Ceci a pour conséquence de mettre en lumière une notion qui deviendra fondamentale chez Shankara, la notion d'illusion (*mâyâ*). Effectivement si tout est Brahman, si rien n'est différent de l'Un, alors les identifications au moi, à telle ou telle forme, relèvent toutes de l'illusion, de la fantasmagorie trompeuse, « le monde de l'expérience éveillée est, lui ausi, irréel ; il n'est tout entier qu'un effet de notre propre ignorance. (...) Ce dont, par erreur, nous imaginons l'existence en une chose quelconque, se révèle, lorsque la vérité correspondante nous est connue, comme le substrat lui-même ; cette chose n'est rien d'autre que ce substrat ; elle ne diffère aucunement de lui » (*ibid.,* p. 72). De par la puissance propre de l'illusion, le monde est donc perçu comme réel, alors qu'il n'est que du rêve, qu'il n'existe pas réellement. Nous sommes ici en présence d'une forme très poussée d'acosmisme où seul reste vrai, reste réel le soi identique au Brahman, unique vérité et donc unique réalité. L'identé du soi et du Brahman ne souffre aucune restriction d'aucune sorte, pleine et entière l'identité est seule véritable, seule existante — seule existence. « C'est un principe fondamental du Vedânta non dualiste, écrit Michel Hulin, que de considérer le soi comme présent en droit avant toute intervention des moyens de connaissance droite, perception, inférence, etc., et comme la condition de possibilité même de leur déploiement. Dans son Commentaire aux *Brahma-sûtra* I, 1, 1 Shankara déclare : "L'existence du Brahman est assurée par le fait qu'il est le soi de toute chose. Chacun en effet a conscience de l'existence du soi et nul ne pense 'Je ne suis pas'. Si l'existence du soi n'était pas assurée, chaque individu aurait conscience qu'il n'est pas. Or le soi, c'est le Brahman." Il y a donc bien quelque chose comme un cogito védântique. (...) Cette omniprésence et cette immuabilité en chaque instant désignent ainsi le soi comme éminemment vulnérable au côté illusoire de la surimposition. La constance de son mode de présence et le fait que, dans les conditions de l'expérience ordinaire, il n'apparaisse jamais seul, son infinie banalité, en quelque sorte, le vouent à être sans cesse perdu de vue, négligé, oublié. Cette dégradation de la notion de soi ou de Brahman — visible, par exemple, dans l'abaissement du verbe être au rang de simple copule dans le jugement d'attribution — représente l'une des conséquences majeures du règne de l'ignorance métaphysique » (M. Hulin, *Qu'est-ce que l'ignorance métaphysique (dans la pensée hindoue) ?,* Vrin, 1994, pp. 77-79). Ce règne de l'ignorance n'est toutefois qu'un jeu (*lilâ*), « pure spontanéité d'une nature parfaite sans l'ombre d'une passivité ou d'une ordination à quelque fin intrinsèque, liberté, grâce... charme, chatoiement de l'apparence et d'une activité suspendue entre l'être et le néant » (O. Lacombe, *L'Absolu selon le Védânta,* Geuthner, 1937, pp. 122-123).

Shankara et sa lutte contre le bouddhisme. Remarquons, pour ce qui nous occupe, que si Shankara refuse que soit rejetée, par les disciples de l'Eveillé, l'autorité des Ecritures, c'est surtout sur des points théoriques qu'il se montrera le plus virulent. Dans sa lutte contre le bouddhisme, Shankara n'hésitera pas à employer les outils critiques de la logique argumentaire, en attaquant en particulier la théorie de l'impermanence : « La conviction des partisans de l'impermanence veut qu'à l'apparition de moments ultérieurs, ceux qui les précèdent cessent d'être. Ce n'est pas par une telle conviction qu'on pourra établir un lien de causes et d'effets entre ce qui a été antérieurement et ce qui survient ultérieurement » (Shankara, *Discours sur le bouddhisme,* traduction, présentation et notes par Prithwindra Mukherjee, Ed. Trédaniel, 1985, p. 31). Il dirige par ailleurs directement le faisceau de sa réfutation contre les disciples de Nâgârjuna : « Que la pensée et les activités mentales soient engendrées par une cause quadruple devient (...) une conviction caduque. Si l'on reconnaît que sans cause un effet peut se produire, à défaut d'entraves, donc, tout peut se produire n'importe où » (*ibid.,* pp. 35-36). P. Mukherjee rappelle, dans son commentaire du texte de Shankara, que, « d'après Nâgârjuna (*MK, I, 2*) les quatre conditions (*pratîtya-samutpâda*) sont : (a) *âlambana* (réceptacle, soutien, simultanéité de connaissance) ; (b) *samanantara* (la connaissance antérieure engendre la connaissance ultérieure) ; (c) *adhipati* (les perceptions sont souveraines) ; (d) *sahakâri* (adjoint : la connaissance se fait distincte) » (*ibid.,* p. 49). Tout l'effort contradictoire de Shankara porte, d'une certaine manière, sur le refus du caractère momentané du temps et de l'existence, caractère dont on sait l'importance qu'il a chez Nâgârjuna. Il fait pour cela appel à la nature, selon lui constante de la mémoire, car liée par détermination à un Sujet individuel : « Par l'assertion que toute chose est éphémère les partisans de la cessation finissent par soutenir que le Sujet qui effectue les expériences est, lui aussi, éphémère. Ceci n'est pas possible. A cause de la mémoire constante. Celle-ci émerge en tant que rappel sur le sillage des expériences. Elle n'est possible que lorsque les expériences appartiennent à un sujet unique. On n'a jamais constaté qu'un tiers Sujet se souvienne des expériences d'autrui » (*ibid.*, p. 37). La mémoire, sous cet aspect, est perçue comme preuve formelle non seulement de l'individualité, mais aussi comme forme évidente de la continuité existentielle du Sujet. Shankara agit de manière identique pour démontrer l'impossibilité d'affirmer l'inexistence de ce qui est ; c'est toujours au solide bon sens qu'il fait appel : « Si de l'inexistence l'émergence de l'existence était effectivement démontrée, même les gens les moins soucieux de la Vérité grâce à leur indifférence se verraient exaucés dans leurs ambitions. (Ceci) de par la facilité d'accès à travers l'inexistence. » Puis viennent les exemples concrets : « Malgré le refus de labourer la terre, le cultivateur obtiendrait ses moissons. Malgré le refus de travailler l'argile, le potier aurait ses pots fabriqués, etc. » (*ibid.*, p. 61). Ainsi pour Shankara rien ne peut surgir de l'inexistence, rien ne vient de ce qui n'existe pas. « Par cette réfutation, (la théorie que) l'existence émerge de l'inexistence demeure invalide » (*ibid.*, p. 61).

Enfin, en conclusion de ses aphorismes, Shankara ne craint pas d'écrire : « A quoi bon s'étendre. Examinée globalement et avec une méthode appliquée, la conclusion de l'impermanence (des bouddhistes) s'effondre tel un puits sur la plage. Nous n'y trouvons rien d'admissible » (*ibid.*, p. 91). P. Mukherjee précise dans son commentaire : « Çamkara atteint une désinvolture dans son impatience d'infirmer l'enseignement bouddhiste. Il a ici pour cible les partisans de la vacuité (nihilisme) qui sont, cependant, connus pour leur prédilection de la voie moyenne (*Mâdhyamaka*), fidèles au cœur du message du Bouddha » (*ibid.*, p. 92).

On le voit aisément, les divergences entre Shankara et les bouddhistes furent très certainement extrêmement vives et, dans cette lutte, le métaphysicien indien ne se fera pas faute d'employer la bonne grosse logique du sens commun afin d'asseoir ses thèses contre l'absence de moi, et l'impermanence. A juste titre P. Mukherjee montre, dans son commentaire, l'usage un peu facile et grossier des arguments chez Shankara, face à des adversai-

res qui, sur le plan théorique, démontraient la réalité de l'impermanence et l'absence d'existence réelle des êtres et des choses à
l'aide d'une méthode dialectique relativement sophistiquée et précise, ce qui d'ailleurs fut peut-être un facteur de son incompréhension. Il convient cependant de bien saisir que, dans ce combat,
qui s'achèvera par le retour triomphant de l'orthodoxie brâhmanique en Inde, les thèses bouddhistes en général, et nâgârjuniennes
en particuliers, féconderont durablement la pensée shankarienne
qui s'en trouvera non seulement enrichie, mais aussi singulièrement redevable doctrinalement. « C'est une grande date dans
l'histoire de la pensée indienne, dit René Grousset, que ce retour
délibéré de toute l'élite intellectuelle aux vieilles doctrines des
Upanishad, ou, comme disent les écrivains brâhmaniques, à l'orthodoxie. Le bouddhisme, pour eux, n'était qu'une "hérésie" dont
le long succès avait été un scandale pour l'esprit — l'hérésie capitale du *nairâtmya,* de la négation de l'*âtman.* Restaurer (...) l'anti-
que *âtman* des Upanishad, c'est-à-dire l'âme et la substance, tel
fut leur but, telle fut leur œuvre. (...) Le Vedânta se présente
ainsi, après la longue prépondérance bouddhique, comme une
restauration générale des notions et des valeurs traditionnelles (...).
Mais on ne biffe pas d'un trait une page de l'histoire humaine.
Le mouvement de la pensée bouddhique avait été trop intense
pour qu'il n'en restât rien après elle. Eliminée ou discréditée, elle
laissa son héritage à ses vainqueurs. On peut même se demander
si cette élimination ne fut pas surtout une absorption... » (R.
Grousset, *Les Philosophies indiennes,* vol. II, DDB, 1931, p. 151).

VII. *La philosophie du Lankâvatâra-sûtra*

Le *Lankâvatâra-sûtra,* c'est-à-dire « Le sûtra de la descente à
Ceylan », est un sûtra caractérisé par son insistance particulière
au sujet de « l'illumination interne » du Bouddha, illumination
considérée dans ce texte comme seule capable d'opérer la libération de toute forme de dualité. La tradition rapporte que le *Lankâvatâra-sûtra* fut transmis par Bodhidharma à son disciple
Houei-k'o (486-593) car contenant, selon le patriarche indien du
Ch'an, « l'essence de l'esprit ». On ne compte aujourd'hui que

trois traductions chinoises du sûtra. « La première en quatre volumes fut donnée sous la dynastie Lou-Soung (443 ap. J-C.) par Gunabhadra ; la seconde, en dix volumes, sort de la plume de Bodhiruchi, sous la dynastie Iuan-ouei (513 ap. J-C.), et la troisième, en sept volumes, est de Shikshânanda, sous la dynastie T'ang (700 ap. J-C.). (...), la première est la plus difficile et c'est celle-là qui fut transmise par Bodhidharma à son disciple Houei-k'o comme contenant "l'essence de l'esprit" » (cf. D. T. Suzuki, *Essais sur le bouddhisme zen*, vol. I, Albin Michel, 1954, p. 111). Il est à noter que le *Lankâvatâra-sûtra* est à l'origine d'une tendance spécifique au sein du bouddhisme chinois, qui a à son origine un certain Fachong (587-665), moine thaumaturge contemporain de Daoxuan. « Fachong se réclamait du "principe du Véhicule unique de l'Inde du Sud", ce qui semble être une allusion à la doctrine de la *Prajnâpâramitâ* (perfection de la sapience) qui était à l'origine de la tradition du Mâdhyamaka, transmise en Chine par l'école dite "des trois Traités" (Sanlun). Il semble avoir visé à une synthèse des théories du *Lankâvatâra-sûtra,* du Ch'an et du Mâdhyamaka » (cf. B. Faure, *Le Traité de Bodhidharma*, Le Mail, 1986, pp. 45-46).

C'est d'ailleurs sur les indications de Daoxuan, dans son *Xu gaosengzhuan* (Suite aux biographies des moines éminents), compilé en 645, que l'idée d'un Bodhidharma vantant les mérites du *Lankâvatâra-sûtra* s'est installée durablement dans les esprits. Bernard Faure a cependant montré le peu de crédit qu'il fallait accorder à cette thèse : « Malgré son apparente simplicité, dit-il, le texte de Daoxuan ne saurait être considéré comme une source historique de bon aloi. Il présente en effet deux images différentes, pour ne pas dire contradictoires, de Bodhidharma : comme quelqu'un qui, en tant que pratiquant intransigeant de la "contemplation murale", condamne tout recours à la lettre écrite ; et comme un exégète du *Lankâvatâra,* un sûtra de caractère particulièrement technique » (*ibid.*, p. 15). En réalité cette attitude de Daoxuan répondait à un impératif tactique ayant pour objectif de réunifier et donc de pouvoir présenter une lignée patriarcale du Ch'an homogène, ayant à sa tête une figure emblématique comme celle de Bodhidharma. « En effet, précise Bernard Faure, dès l'époque de Daoxuan, une communauté Ch'an s'était développée sur le mont de l'Est (Dongshan dans l'actuel Hunan), autour des maîtres de dhyâna Daoxin (580-651) et Hongren (601-674) » (*ibid.*, p. 16). Il importait donc de pouvoir inclure au sein d'une identique lignée des maîtres professant certes une doctrine voisine, mais comportant toutefois des orientations plus que significatives.

Quelle est donc la teneur de ce *Lankâvatâra-sûtra*, pour qu'il soit l'objet d'autant de divergences à son encontre ? Tout le problème vient du fait que l'apophatisme et les multiples négations présentes au sein du *Lankâvatâra-sûtra*, s'ils relèvent bien d'une doctrine relativement pure, sont cependant tintés d'un ontologisme rémanent où la notion d'« esprit » semble jouer un rôle central. Même si cet « esprit » se voit qualifier de vide et donc se résorbe finalement dans l'absence d'esprit, cela ne permet pas, néanmoins, d'écarter toute trace de tendance substantialiste qui donne à ce sûtra comme une teinture d'idéalisme Yogâcâra tout à fait perceptible. « Le sujet principal du *Lankâvatâra-sûtra* est le contenu de l'Illumination (c'est-à-dire l'expérience intérieure, *pratyâtma-gati*) du Bouddha sur la grande vérité religieuse du bouddhisme du Mahâyâna. (...) Il est vrai que le sûtra reflète l'école psychologique du bouddhisme préconisé par Asanga et Vasubandhu, par exemple lorsqu'il désigne l'*Alaya-vijnâna* comme réserve de toutes les graines karmiques, reconnaît le professeur Suzuki, mais, rajoute-t-il, de telles références et quelques autres ne constituent pas en fait la pensée centrale du sûtra ; elles ne sont employées que pour expliquer la noble compréhension de l'expérience intérieure du Bouddha (*pratyâtm-ârya-jnâna*) » (*op. cit.*, p. 113). L'essentiel du texte, il est vrai, est constitué par les déclarations du Bouddha au sujet de son Illumination intérieure (*pratyâtma-gati*), et la situation de son état spécifique, le tout confié au bodhisattva Mahâmati. « O Seigneur, dit Mahâmati s'adressant au Bouddha, instruis-moi dans ton système de doctrine qui est fondé sur la nature même de l'esprit, instruis-moi dans la doctrine du non-ego, exempt de préjugés et de souillures, cette doctrine qui est révélée au plus profond de ta conscience. » En réponse l'Eveillé lui réaffirme : « C'est comme lorsqu'on voit sa propre image en un miroir ou dans l'eau, c'est comme lors-

qu'on voit sa propre ombre au clair de lune ou à la clarté de la
lampe, c'est comme lorsqu'on entend sa propre voix renvoyée par
l'écho de la vallée ; lorsqu'un homme se cramponne à ses fausses
présomptions, il fait une discrimination erronée entre la vérité et
la fausseté ; en raison de cette fausse discrimination il ne peut aller
au-delà du dualisme des opposés ; en fait il chérit la fausseté et ne
peut atteindre la tranquillité. Par tranquillité on entend unité de
but (ou unité des choses), et par unité du but on entend l'entrée
dans le hautement excellent *samâdhi,* par quoi est produit l'état
de noble compréhension de la réalisation de soi-même, qui est le
réceptacle de l'état de *Tathâgata* (*tathâgata-garbha*) » (*ibid.,*
pp 115-116). Le sûtra insiste tout particulièrement sur la question
du dépassement de l'être et du non-être (*nâsty-asti-vikalpa*). L'erreur fondamentale se situe là, « dans l'attachement au dualisme
— la première mesure indispensable consiste à s'en libérer, afin
d'atteindre l'état de réalisation de soi-même. L'erreur vient de ce
qu'on n'aperçoit pas cette vérité que toutes les choses sont vides
(*shûnya*), incréées (*an-utpâda*), non dualistes (*a-dvaya*) et n'ont
aucun caractère individuel immuable (*nih-svabhâva-lakshana*). Par
vide des choses on veut dire principalement que leur existence,
étant si essentiellement soumise à une dépendance mutuelle, n'a
abouti nulle part à la fausse notion d'individualité distincte, et que
lorsque l'analyse est poussée à sa conséquence logique, il n'existe
rien qui puisse distinguer un objet d'un autre d'une façon définitive, c'est pourquoi il n'existe ni l'un ni l'autre, ni les deux (*Sva-
par-ôbhay-âbhâvât*) » (*ibid.,* pp. 116-117).

Est affirmé dans un deuxième temps que les choses sont
incréées, « parce qu'elles ne sont ni auto-créées, ni créées, par un
agent extérieur. En troisième lieu, comme leur existence est réciproquement conditionnée, une conception dualiste du monde
n'est pas la conception ultime ; c'est donc une faute, due à cette
fausse discrimination (*vikalpa*), que de chercher le *nirvâna* en
dehors du *samsâra* (naissance et mort), et le *samsâra* en dehors du
nirvâna » (*ibid.,* 117). Enfin, le sûtra déclare : « Ce principe de
conditionnement mutuel signifie la négation de l'individualité
comme réalité absolue, car il n'y a rien dans l'existence qui puisse
maintenir d'une façon absolue son individualité érigée au-dessus

de toutes les conditions de relativité ou de devenir mutuel ; en fait exister c'est devenir » (*ibid.*, p. 117). Dans la suite du texte le Bouddha s'exprime ainsi, renforçant sa conception fondamentale portant sur l'unité entre illusion et Eveil, entre *nirvâna* et *samsâra* : « Allons plus loin, Mahâmati, dit-il. Ceux qui, redoutant les souffrances résultant de la discrimination de la naissance et de la mort, recherchent le *nirvâna* ignorent que la naissance et la mort et le *nirvâna* ne doivent pas être séparés ; et, comprenant que tout ce qui est objet de discrimination n'a pas de réalité, ils s'imaginent que le *nirvâna* consiste en une annihilation des sens et de leur zone de fonctionnement. Ils ne se rendent pas compte, Mahâmati, que le *nirvâna* "est" l'*alayavijnâna* où s'est produit un retournement par la réalisation intérieure » (*Lankâvatara-sûtra*, XVIII, *in*, T. D. Suzuki, *Manuel de bouddhisme zen*, Dervy, 1981, p. 52).

La nature non née des choses devient le centre de l'argumentaire du Bouddha : « Toutes choses sont non nées. Pourquoi ? Parce qu'elles n'ont pas de réalité, étant des manifestations du Mental lui-même ; et, Mahâmati, comme elles ne sont pas nées de l'être ni du non-être, elles sont non nées » (*Lankâvatara-sûtra*, XIX, *op. cit.*, p. 53). La délivrance de l'être et du non-être, comme à son début, reste l'objet premier du sûtra, c'est pour ce texte la question qui conditionne la cessation de toutes les formes erronées d'attachement : « Mahâmati, incommensurable est notre profond attachement à l'existence des choses, ces choses que nous cherchons à comprendre par les mots. Il y a, par exemple, profondément enraciné, un attachement aux marques de l'individualité, à la causalité, à la notion d'être et de non-être, à la discrimination entre naissance et non-naissance, de cessation et de non-cessation, de véhicule et de non-véhicule, de *samskrita* et *asamskrita,* des caractéristiques des stades et des non-stades. Il y a l'attachement à la discrimination elle-même, l'attachement à l'illumination, l'attachement à la discrimination être et non-être de laquelle les philosophes dépendent tellement, et l'attachement au triple véhicule et au véhicule unique qu'ils distinguent » (*Lankâvatâra-sûtra*, LXVIII, *op. cit.*, p. 63). La conclusion du sûtra se fait de plus en plus précise et affirmative, une fois encore l'attachement dualiste est condamné. « Fortement attachés à ces discriminations, les ignorants et les esprits simples continuent à discriminer sans relâche, comme le ver à soie qui s'enroule dans son propre fil de discrimination et d'attachement, non seulement eux-mêmes mais aussi les autres et ils y trouvent leur plaisir ; ainsi, ces ignorants et ces esprits simples continuent à s'attacher fortement aux notions d'existence et de non-existence. (Mais en réalité), Mahâmati, il n'y a ici pas de signes d'attachement profond ni de détachement. Toutes choses doivent être vues comme résidant dans la Solitude, où il n'y a aucun processus de discrimination. Mahâmati, le Bodhisattva-Mahâsattva devrait se tenir en un endroit où il puisse voir toutes choses du point de vue de la Solitude » (*ibid.*). Cet endroit où toutes choses sont vues du point de vue de la solitude, c'est l'état de non-attachement, le véritable lieu de l'illumination intérieure du Bouddha ; on comprend mieux de la sorte pourquoi le sûtra put exercer son influence sur les maîtres Ch'an, tant sa conception et l'objectif même de son discours font de lui un véritable traité en faveur du non-dualisme radical, en faveur du non-attachement, par-delà l'être et le non-être. Il n'en reste cependant pas moins vrai que certaines formules, de par leur nette ambivalence, leur imprécision évocatrice, peuvent aisément favoriser un léger penchant vers une forme tout à fait perceptible d'idéalisme Yogâcâra, qui d'ailleurs refait parfois surface chez certains maîtres ch'an et zen.

VIII. Le Vimalakîrtinirdesa (Vkn), et l'enseignement de Vimalakîrti sur la vacuité

Le *Vimalakîrtinirdesa* (*Vkn*), qui date probablement du IIe siècle, est un sûtra d'une extrême importance de par le rôle majeur qu'il joue dans le développement de la doctrine de la vacuité. « Par sa date relativement ancienne, par ses sources d'inspiration autant que par les théories qu'il développe, le Vkn se range parmi les plus anciens *Mahâyânasûtra*. Comme la *Prajnâpâramitâ* (...), il représente ce Madhyamaka à l'état brut qui servit de base à l'école de Nâgârjuna » (E. Lamotte, *Vimalakîrtinirdesa, L'Enseignement de Vimalakîrti*, Institut orientaliste Louvain-la-Neuve,

1987, p. 40). On remarquera que le titre initial qui fut donné au *Vkn*, *Yamakavyatyastâbhinirhâra*, c'est-à-dire « Production de sons couplés et inversés », est une manière de montrer le mécanisme dialectique très mouvant de ce sûtra. « Le Bodhisattva est habile en couple et inversion (*yamakavyatyastakusala*) car, en tant qu'il joue avec les savoirs et qu'il a obtenu l'excellence de la perfection du savoir, il peut, tout en s'appuyant sur le *nirvâna*, manifester les voies de la transmigration ; bien qu'il possède un domaine absolument dépourvu d'être vivant, il ne cesse de faire mûrir tous les êtres. (...), Siksânanda interprète le sens et voit dans cette expression une allusion aux actes contradictoires du Bodhisattva, à cette conduite double et inversée par laquelle le Bodhisattva, tout en étant saint, agit en pécheur pour le bien des êtres » (*ibid.*, pp. 35-37). Vimalakîrti est, selon la tradition, un laïc qui ostensiblement porte des vêtements blancs : « un gentilhomme retiré, un maître de maison avisé, riche, respecté, un banquier, un homme d'affaires dont les affaires ne salissent pas les mains, un bienfaiteur qui, s'il le faut, hante les mauvais lieux pour y faire œuvre de salut, mais sans qu'aucun contact impur puisse le souiller plus que la boue ne souille le lotus. Il résume le vieux dilemme chinois entre l'activisme et le quiétisme. (...) Vimalakîrti participe à l'activité sans cesser d'être dans la quiétude ; il s'adapte à toute situation, répond, réagit à tout appel extérieur sans s'en laisser troubler. Ses réflexes sont tellement désintéressés, sa liberté si parfaite, il fait preuve d'une telle maîtrise de lui-même et du monde que les lois de la morale vulgaire, voire celles de la nature, ne comptent pas pour lui » (*ibid.*, pp. 439-440). La personnalité même de Vimalakîrti explique la place unique occupée par le sûtra à l'intérieur du Mahâyâna ; le *Vkn* représente effectivement une pensée authentiquement madhyamika. Etienne Lamotte a mis en lumière de façon très convaincante dans son ouvrage sur le *Vkn* comment et en quoi le sûtra avait professé toutes les thèses du Madhyamaka. En une série de six propositions distinguées alphabétiquement de A à F, il fait la démonstration de la complète identité théorique et doctrinale entre le *Vkn* et Nâgârjuna. « Proposition A : Tous les *dharma* sont sans nature propre (*nihsvabhâva*), vides de nature propre (*svabhâvasûnya*). (...) Le *Vkn* revient à chaque page sur l'inexistence des *dharma*. Proposition B : Tous les *dharma* sont non nés (*anutpana*) et non détruits (*anirudha*). (...) Le *Vkn* insiste à son tour sur la non-naissance, la non-production des *dharma*, sur le *pratitya-samutpâda* "au sens profond", lequel ne fonctionne pas. Proposition C : Tous les *dharma* sont originellement calmes (*adisânta*) et naturellement nirvânés (*prakrtiparinirvrta*). (...) Les mêmes propositions sont formulées par le *Vkn* : Ce qui est sans nature propre est sans nature étrangère... il n'y a pas un seul être qui ne soit déjà parinirvâné. Proposition D : Les *dharma* sont sans caractère (*alaksana*) et, par conséquent, inexprimables (*anirvacaniya, anabhilâpya*) et impensables. Le *Vkn* exprime des vues identiques : La loi est sans marque ; donc ceux qui poursuivent les marques des *dharma* ne cherchent pas la Loi, mais cherchent les marques... La Loi ne peut être ni vue, ni entendue, ni pensée, ni connue. Proposition E : Tous les *dharma* sont égaux (*sama*) et sans dualité (*advaya*). Vides et inexistants, tous les *dharma* sont égaux. C'est en ce sens qu'il y a non-dualité (*advaya*). Le *Vkn* revient sans cesse sur l'égalité et la non-dualité de toutes choses. Proposition F : La vacuité n'est pas une entité. La *Prajnâpâramitâ* et le Madhyamaka rejettent toute forme, avouée ou déguisée, de monisme. Ils disent que les *dharma* sont inexistants, mais ils se refusent à hypostasier l'inexistence. La nature propre (*svabhâva*) des *dharma* "qui ne naissent pas" (*anutpâdâtmaka*) n'est rien que ce soit (*akimcid*), simple non-existence (*abhâvamâtra*) : elle n'est pas. Le *Vkn,* lui aussi, refuse d'hypostasier la vacuité et ne reconnaît à l'expérience d'autre fondement que l'ignorance » (*ibid.,* pp. 40-50). La trame du *Vkn* s'appuie sur la prétendue maladie de Vimalakîrti : « Par un artifice salvifique, Vimalakîrti se déclara malade (...) Il se fit cette réflexion sachant que l'Eveillé ne resterait pas insensible à sa pensée : "Je suis malade, souffrant, couché sur un grabat et le *Tathâgata,* saint, parfaitement et pleinement illuminé ne se soucie pas de moi, n'a point de compassion et n'envoie personne pour s'enquérir de ma maladie" » (*ibid.,* p. 141).

Vimalakîrti était célèbre pour son radicalisme philosophique, pour lui l'illumination était déjà acquise par tous les êtres, de ce fait le problème du chemin, de la Voie vers l'illumination ne se posait pas, était le type même de la fausse question. Lorsque le

Bouddha décida donc de lui envoyer ses plus éminents disciples, afin de s'enquérir de son état de santé, tous émirent des réserves en relatant, les uns après les autres, les situations dans lesquelles Vimalakîrti les avait mis en difficulté. Ainsi de Sariputra, en passant par Ananda jusqu'à Maitreya, pour ne citer que les plus connus, tous firent les frais de la dialectique intransigeante de Vimalakîrti ; seul peut-être Manjusrî échappa à la déconvenue théorique. A Sariputra, Vimalakîrti signifia : « Il ne faut pas s'absorber en méditation comme tu le fais. » Ceci s'expliquant, précise E. Lamotte, car « Sariputra était passé maître en *pratisamlayana* (sieste, repos, retraite, solitude, à l'écart de tous les bruits du monde). Le *pratisamlayana* se pratiquait dans la jungle, au pied d'un arbre, après la tournée d'aumônes et le repas de midi. Il se poursuivait durant les heures chaudes de l'après-midi, et le moine en sortait seulement vers le soir » (*ibid.,* p. 142). A Maudgalyayâna, Vimalakîrti reprocha sa manière de prêcher la Loi ; ce qui reste d'une grande actualité... « La loi (*dharma*) est sans essence (*nihsattva*) car elle exclut les souillures de l'être (*sattvarajas*). Elle est sans substance, car elle exclut les souillures du désir. Elle est sans principe de vie, car elle exclut la naissance et la mort. Elle est sans individualité car elle exclut le terme initial (*pûrvânta*) et le terme final (*aparânta*). On sait, fait encore remarquer E. Lamotte, le rôle de premier plan joué dans le bouddhisme ancien par la prédication et l'audition de la loi, et Maudgalyayâna, en reproduisant fidèlement l'enseignement de son Maître, s'attirait les éloges de ce dernier. Toutefois, tel n'est pas l'avis de Vimalakîrti qui reproche au disciple sa façon de prêcher aux laïcs "comme une magie prêchant à d'autres magies". Théoriquement, la loi bouddhique qui repose sur le *pudgala* et le *dharmanairâtmya* ainsi que sur l'immobilisme absolu ne se prête pas à la prédication : il n'y a ni prédicateur, ni auditeur, ni objet à prêcher. (...) Pour la *Prajnâparamita,* le Bodhisattva prêche la loi dans le seul but d'extirper toutes les vues de l'esprit, et non pour inculquer une doctrine de contenu positif » (*ibid.*, pp. 146-147). A Mahâkâsyapa, Vimalakîrti fait remarquer qu'il pratique de façon erronée dans sa manière de mendier la nourriture. « C'est pour ne pas manger (*apindâya*) que tu dois mendier ta nourriture. C'est pour détruire chez les autres la croyance à l'objet matériel (*anyesâm pindagrâhaprahânâya*) que tu dois mendier ta nourriture. C'est en te représentant le village comme vide que tu dois entrer dans le village. (...) C'est en ne prenant rien qu'il faut prendre la nourriture. » En lui signifiant six principes qui relèvent du pur détachement, « voir les couleurs (*rupa*) comme les voit l'aveugle de naissance, etc. » Vimalakîrti conclut sa liste en disant : « Ce qui est sans nature propre (*svabhâva*) et sans nature étrangère (*parabhâva*) ne brille pas, et ce qui ne brille pas ne s'éteint pas (*na sâmyate*) » (*ibid.*, pp. 152-153).

Tous ces entretiens sont, pour Vimalakîrti, une occasion de revenir, avec les disciples les plus éminents du Bienheureux, sur le sens réel des paroles du Bouddha, une occasion de dissoudre les fausses interprétations, de dissiper les erreurs de compréhension au sujet de l'Enseignement de l'Eveillé. S'adressant à Mahâkâtyâyana, Vimalakîrti lui signale qu'il ne comprend pas les instructions du Bouddha concernant le problème de l'impermanence, et que de ce fait ses commentaires sont inexacts. « Révérend Mahâkâtyâyana, dit Vimalakîrti, ne parle donc pas de *dharma* doués d'activité, munis de production et munis de disparition. Pourquoi ? (...) Absolument rien n'a été produit, n'est produit et ne sera produit ; absolument rien n'a disparu, ne disparaît et ne disparaîtra : tel est le sens du mot "impermanent" (*anitya*). Comprendre que les cinq agrégats (*skandha*) sont absolument vides de nature propre (*atyantasvabhâvasûnya*) et, par conséquent, sans naissance (*anutpana*) : tel est le sens du mot "douloureux" (*duhkha*). Tous les *dharma* sont absolument inexistants : tel est le sens du mot "vide" (*sûnya*). Savoir que le moi (*âtman*) et le nonmoi (*anâtman*) ne constituent pas une dualité (*advaya*) : tel est le sens du mot "impersonnel" (*anâtman*). » Et il réaffirme une fois de plus : « Ce qui est sans nature propre et sans nature étrangère ne s'enflamme pas, et ce qui ne s'enflamme pas ne s'éteint pas ; ce qui ne comporte aucune extinction est absolument éteint (*atyantaprasânta*) : tel est le sens du mot "calme" (*sânta*) » (*ibid.*, pp. 166-167). Au Bouddha futur, Maitreya, le Bodhisattva de la 8ᵉ terre, l'*acalâ* (terre sans recul), Vimalakîrti révèle la manière d'être, « qui est sans naissance (*anutpanna*) et sans destruction (*aniruddha*), ne naît pas (*notpadyate*) et n'est pas détruite (*na dirudhyate*). Au moment où tu arriveras à la suprême et parfaite illumination, dit Vimalakîrti à Maitreya, à ce moment tous les êtres, eux aussi, arriveront à cette même illumination. Pourquoi ? demande Vimalakîrti. Parce que cette illumination (*bodhi*) est déjà acquise (*anubuddha*) par tous les êtres. (...) au moment où tu seras dans le *nirvâna* complet (*parinirvâna*), à ce moment tous les êtres seront eux aussi dans le *nirvâna* complet. Pourquoi ? Parce qu'il n'y a pas un seul être qui ne soit déjà parinirvâné, (...) tous les êtres sont originellement apaisés (*adisânta*) » (*ibid.,* p. 193).

En réalité pour Vimalakîrti personne ni ne s'approche ni ne s'écarte de l'Eveil ; dans ces conditions chercher la Loi c'est se situer en dehors de la Loi, c'est s'éloigner de la Voie. Vimalakîrti l'exprime de la manière suivante à Sariputra : « La loi est exempte de souillure et libre de souillure. Donc ceux qui s'attachent à n'importe quel *dharma,* y compris le *nirvâna,* ne cherchent pas la loi, mais cherchent la souillure du désir. (...) La loi est sans prise et sans rejet (*âyûhaniryûhavigata*). » Dans sa note 4 du chap. V, § 4, p. 245, E. Lamotte souligne : « Vimalakîrti rejette le désir du *nirvâna,* non pour des raisons morales, mais pour des raisons métaphysiques. *Samsâra* et *nirvâna* ne sont que de simples désignations (*nâmadheyamâtra*) et sont tous deux vides et irréels (III, § 12) ; il n'y a pas un seul être qui ne soit déjà parinirvâné (III, § 51) ; si l'on est vraiment délié (*abaddha*), pourquoi chercher encore la libération (*moksa*) ? » (*ibid.,* p. 245).

Célèbre pour son silence, Vimalakîrti en fait un usage remarquable dans son entretien avec Manjusrî ; ainsi lorsque ce dernier lui demande d'exposer ce qu'est la doctrine de la non-dualité (*advayadharmamukha*) Vimalakîrti reste totalement muet : « C'est cela l'entrée des Bodhisattva dans la non-dualité, répond Manjusrî. En cette matière, les phonèmes (*aksara*), les sons (*svara*) et les idées (*vijnapti*) sont sans emploi (*asamudâcâra*). » En note 43 (chap. VIII, § 33), est précisé : « Telle est bien la position du Madhyamaka. Au logicien qui lui demande s'il est vrai que les saints soient sans argument, Çandrakîrti, dans sa *Madh. vrtti,* p. 5ᶜ, 7-8, fait la réponse suivante, qui confirme la justesse de l'attitude de Vimalakîrti : "Qui donc pourrait dire si les saints ont ou n'ont pas d'arguments ? en effet l'absolu, c'est le silence des saints. Comment donc une discussion avec eux sur ce sujet serait-elle possible (et comment pourrions-nous savoir) s'ils ont ou n'ont pas d'argument en cette matière ?" » (*ibid.*, pp. 317-318).

IX. La pensée de Lin-tsi

Lin-tsi (env. 867) (jap. Rinzai) est sans doute le personnage le plus représentatif, au IXe siècle, du Ch'an chinois. Son enseignement nous livrant une pensée d'une rare radicalité, et ceci dans une langue souvent brutale, insiste en permanence sur la simplicité de la Voie, l'immédiateté de la réalité, l'aspect naturel de l'Eveil. Peu enclin à la théorisation stérile, le moine chinois aime à libérer ses disciples et ses auditeurs des pièges permanents de la raison logique et analytique ; ne craignant pas de choquer, Lin-tsi est célèbre pour ses interventions sans ménagement afin de faire apparaître l'être vrai des êtres et des choses. Sa praxis est une praxis de l'Eveil subit et instantané, une praxis libératrice. Le témoignage de son enseignement nous est connu grâce aux *Entretiens* que nous conservons de lui. Il ressort de ces textes de nombreux éléments qui, indéniablement, font de Lin-tsi un maître véhément, certains diront furieux, de la vacuité libératrice. Sa vision de « l'homme sans appui » est à elle seule un sommet de la dialectique négative vacuitaire. Un jour, nous disent les *Entretiens*, on demanda au maître : « Qu'est-ce que la vue juste ? Le maître dit : Tâchez seulement lorsque vous accédez tant à la profanité qu'à la sainteté, à la souillure qu'à la pureté, aux domaines de tous les Buddha, au pavillon de Maitreya comme au plan des choses de Vairocana, de voir que toutes choses, fût-ce même les domaines de Buddha qui se manifestent en tous lieux, sont sujets à formation, durée, destruction et vide. Si un Buddha apparaît dans le monde, puis fait tourner la grande roue de la Loi, puis entre en *nirvâna*, ne voyez là aucune marque d'aller ni de venir ; si vous cherchez en lui la naissance et la mort, vous ne les trouverez jamais. Et même si vous accédez au plan des choses qui sont sans naissance et que, parcourant tous les royaumes de Buddha, vous accédiez à l'univers de l'Embryon de Fleur, sachez que tout cela porte la marque du vide et n'a aucune réalité. Seul existe réellement le religieux sans appui, qui est là à écouter la Loi. Il est la mère de tous les Buddha, et en ce sens les Buddha naissent du sans-appui. Pour qui comprend le sans-appui, l'état de Buddha n'est pas à obtenir. Réussir à voir les choses ainsi, c'est cela la vue juste » (*Entretiens*, § 14, traduits du chinois et commentés par Paul Demiéville, Fayard, 1972, pp. 79-80).

Nous avons ici le parfait résumé de la pensée de Lin-tsi, une sorte de synthèse claire et précise de sa conception profonde, conception qui nourrira l'ensemble de son discours et expliquera l'intransigeance de son attitude parfois déroutante, toujours sans concession. Son discours est en déconstruction permanente, niant à plaisir l'existence d'une Voie, piétinant sans aucune gêne les saintes vérités du Bouddha. « Ne réalisant pas cela, les apprentis s'attachent aux mots et aux phrases ; ils se laissent obstruer par les mots de profane et de saint, ce qui fait écran et empêche leur œil de Voie d'y voir clair. Par exemple, le Dodécuple Enseignement n'est que discours de surface (...). Tout cela est appui et dépendance. Si vous voulez être libres de revêtir ou d'enlever (comme des habits) les naissances et les morts, le départ ou l'arrêt, sachez vous en tenir à l'homme qui est là à écouter la Loi, cet homme n'a ni forme ni marque, sans racine ni tronc, sans demeure déterminée, tout vif comme le poisson qui saute dans l'eau, lui dont l'activité ne se fixe nulle part au milieu de toutes ces surimpositions. C'est ainsi que plus on cherche, et plus on est loin ; toute recherche va à fin contraire. C'est là ce que j'appelle un secret » (*Entretiens*, § 14 *b*, *op. cit.*, pp. 81-82). L'homme sans appui c'est l'homme simple, l'homme sans affaires, délivré de l'idée même de délivrance, éveillé de l'illusoire pensée de l'Eveil, l'homme réel, sans condition. « Sachez seulement mettre vos pensées au repos, et ne plus chercher au-dehors ; quand les choses viennent à vous mirez-les. Faites seulement confiance à celui qui agit en vous actuellement, et vous serez sans affaires (...) » (*Entretiens*, § 15 *b*, *op. cit.*, p. 89). Pour Lin-tsi, il n'y a rien à chercher, « rien hors de l'esprit ; rien non plus à trouver dans l'esprit », pas de pratique à cultiver, pas d'esprit du Bouddha à rechercher. « Chercher le Buddha, chercher la Loi : autant d'actes fabricateurs d'enfer :

chercher le Bodhisattva, c'est aussi fabriquer de l'acte. Ou encore lire les Textes, lire l'enseignement — fabrication d'actes » (*Entretiens*, § 16 *a*, *op. cit.*, p. 93). Sa fureur critique s'attaque également à l'exercice de *Dhyâna*, qu'il qualifie de *wai-tao* (voie du dehors), c'est-à-dire en langage clair de pratique non bouddhique. « Il y a certains chauves aveugles, dit-il en parlant des moines au crâne tondu, qui après avoir mangé leur plein de grain, s'assoient en *Dhyâna* pour se livrer à des pratiques contemplatives. Ils se saisissent de toute impureté de pensée pour l'empêcher de se produire ; ils recherchent la quiétude par dégoût du bruit. Ce sont là procédés hérétiques. Un maître patriarche l'a dit : Fixer l'esprit pour regarder la quiétude, le relever pour mirer l'extérieur, le recueillir pour sa décantation, le figer pour entrer en concentration — tout cela n'est que fabrication d'actes » (*Entretiens*, § 16 *b*, *op. cit.*, p. 94). Il réexprime la même condamnation dans le passage suivant : « Quand je dis qu'il n'y a pas de Loi à chercher au-dehors, les apprentis ne me comprennent pas et en déduisent qu'il faut la chercher au-dedans d'eux-mêmes. Alors ils s'assoient, appuyés contre un mur, et restent sans bouger, plongés dans la méditation, la langue collée au palais ; et c'est cela qu'ils prennent pour la méthode des patriarches et la Loi du Bouddha. Quelle grande erreur ! Tenir pour vraie la pureté immobile, c'est reconnaître pour seigneur et maître l'inscience » (*Entretiens*, § 27, *op. cit.*, p. 131).

L'homme vrai, l'homme « sans appui » de Lin-tsi, n'a pas à être soumis à des pratiques « ornées » selon son expression en référence au *Vajracchedikâ-sûtra* : « Le *Tathâgata* parle d'ornement, mais c'est pour nier l'ornement » (*Vajracchedikâ*, § 10). Rien à réaliser, aucun but auquel parvenir, l'homme comme tel est parfait. Lin-tsi préconisait de brûler les icônes bouddhiques, les statues de Bouddha qui ornaient les temples, les objets de piété, etc., mais plus concrètement il aspirait à libérer ses disciples des îles encombrantes, des pièges qui entravent la réalité effective. « On dit de toutes parts, adeptes, qu'il y a une Voie à cultiver, une Loi à éprouver. Dites-moi donc quelle Loi à éprouver, quelle Loi à cultiver ? Qu'est-ce qui vous manque en votre activité actuelle ? qu'avez-vous à compléter par la culture ? C'est parce qu'ils ne comprennent rien à rien que de petits maîtres puînés font confiance à ces renards sauvages, à ces larves malignes, et leur permettent de parler d'affaires bonnes à entortiller autrui (...) Qui cultive la Voie ne la pratique point (...). C'est pourquoi un ancien a dit : C'est l'esprit ordinaire qui est la Voie » (*Entretiens*, § 17, *op. cit.*, p. 99). Cette dernière expression est d'ailleurs attribuable au propre maître de Lin-tsi, Ma-tsou (709-788), qui était connu pour son fort tempérament et son intransigeance au sujet de la réalisation. S'il est affirmé si souvent que l'esprit du Bouddha c'est l'absence d'esprit, l'explication s'en trouve dans le fait que, dans « l'idée de Ma-tsou, comme celle de Lin-tsi, le Buddha n'est autre que notre propre esprit, notre pensée à condition que cet esprit soit ramené à son unité fondamentale, c'est-à-dire à la suppression de toute pensée différenciée. Cette indifférenciation vaut aussi bien pour la pensée qui se transmet de patriarche à patriarche, de maître à disciple, que pour celle qui s'écoule en chacun de nous de moment en moment » (*ibid.*, p. 102). Un jour quelqu'un demanda à Lin-tsi : « Qu'est-ce que l'absence de différenciation d'esprit à esprit ? Le maître dit : Dès l'instant même où vous vous disposez à poser cette question, il y a déjà différenciation, et la nature des marques particulières sont séparées. Ne vous y trompez pas, adeptes : en toutes choses, qu'elles soient de ce monde ou supra-mondaines, il n'y a pas de nature propre, mais pas non plus de nature de naissance : ce ne sont là que des noms vides, et les lettres qui forment ces noms sont vides elles aussi » (*Entretiens*, § 17 *b*, *op. cit.*, p. 103).

Ainsi rien ne semble pouvoir arrêter la fureur libératrice mais aussi blasphématoire de Lin-tsi, comme en témoigne ce célèbre passage : « Tout ce que vous rencontrez, au-dehors et (même) au-dedans de vous-mêmes, tuez-le. Si vous rencontrez un Buddha, tuez le Buddha ! Si vous rencontrez un patriarche, tuez le patriarche ! Si vous rencontrez un Arhat, tuez l'Arhat ! Si vous rencontrez vos père et mère, tuez vos père et mère ! Si vous rencontrez vos proches, tuez vos proches ! C'est là le moyen de vous délivrer, et d'échapper à l'esclavage des choses ; c'est là l'évasion, c'est là l'indépendance ! » (*Entretiens*, § 20, *op. cit.*, p. 117). De manière véhémente Lin-tsi répète : « Je vous le dis : il n'y a pas de Buddha, il n'y a pas de Loi ; pas de pratiques à cultiver, pas de fruit à éprouver. Que voulez-vous donc tant chercher auprès d'autrui ? Aveugles qui vous mettez une tête sur la tête ! Qu'est-ce qui vous manque ? » (*Entretiens*, § 21, *op. cit.*, pp. 119-120). Rien à trouver, rien à obtenir, il n'y a pas de plus grand ennemi à la Voie que la Voie elle-même : « A mon point de vue, pas tant d'histoires ! Il suffit d'être ordinaire : mettre ses vêtements, manger son grain, passer le temps sans affaires. Vous venez de toutes parts avec l'idée de chercher la délivrance, la sortie du Triple Monde. Sortir du Triple Monde, imbéciles ! pour aller où ? » (*Entretiens*, § 21 *b*, *op. cit.*, p. 121). Plus on cherche l'Eveil plus il s'éloigne, plus on travaille à l'illumination plus on s'en écarte, en réalité il n'y a ni naissance, ni mort, ni Eveil, ni non-Eveil, « il n'y a point de Buddha qui puisse être cherché ; point de Voie qui puisse être accomplie ; point de Loi qui puisse être obtenue. (...) Adeptes, le vrai Buddha est sans figure ; la vraie Voie est sans corps ; la vraie Loi est sans marque particulière (...) » (*Entretiens*, § 31, *op. cit.*, p. 145). Lin-tsi en arrive à dire : « Ne cherchez plus ! Sachez que de corps comme d'esprit, vous ne différez point du Buddha-patriarche, et aussitôt vous serez sans affaires : c'est cela seul qu'on appelle obtenir la Loi » (*Entretiens*, § 32, *op. cit.*, p. 149).

Le fond de la pensée de Lin-tsi est que la recherche du Bouddha ou de la Loi est une forme de maladie, la maladie du devenir, une maladie qui aveugle la vérité du présent auquel il ne manque rien. « Dans le monde comme hors du monde, il n'y a ni Buddha ni Loi qui jamais s'actualisent ni se perdent. S'ils existent, ce n'est que comme noms et mots, paragraphes et phrases, bons à attirer les petits enfants, superimpositions fictives pour soigner la maladie, noms et phrases de surface » (*Entretiens*, § 35, p. 155).

Le langage de Lin-tsi, afin de faire entendre la vérité de ce qui est ainsi et auquel il ne manque strictement rien, se fait incroyablement provocant : « Adeptes, ne prenez pas le Buddha pour un aboutissement suprême. Je le vois, moi, comme un trou de latrine, et les Bodhisattva et les Arhat comme des êtres qui lient les hommes avec cangue ou chaînes. (...) Adeptes, il y a certains chauves qui appliquent leur effort à l'intérieur, s'imaginant chercher en eux-mêmes une Loi de sortie du monde. Ils se trompent ! Chercher le Buddha, c'est perdre le Buddha ; chercher la Voie, c'est perdre la Voie (...) » (*Entretiens*, § 38-39, pp. 161-163).

Bibliographie

Nâgârjuna

Œuvres en sanskrit et tibétain

Yuktisastikâkârikâ, Rigs pa drug bcu pa'i tshig le'ur byas pa, Peking Edition (5225), 1956.

Vaidalyasûtranâma, Zhib mo rnam par 'thag pa zhes bya ba'i mdo, Peking Edition (5226), 1956.

Madhyamikasâstram, 2 vol., Ed. Pandeya (Delhi), 1973.

Shûnyatâsaptatikârikâ, sTong pa nyid bdun cu pa'i tshig le'eur byas pa, Tibetan Tripitaka, Peking Edition (5227), 1956.

Vigrahavyâvartni, rTsod zlog, Peking Edition (5228), 1956.

Œuvres en français

Mûlamâdhyamakakârika de Nâgârjuna avec la Prasannapadâ, commentaires de Chandrakirti, trad. L. de la Vallée Poussin, in Bibl. Buddhica, n° 4, Saint-Pétersbourg, 1903-1913.

Traité du Milieu, traduit du tibétain par Georges Driessens, Seuil, 1995.

La Lettre à un ami, Dharma, 1993.

La Précieuse Guirlande des avis au roi, Ed. Yiga Tcheu Dzinn, 1981.

Anthologie des discours, trad. Thich Huyen-vi, Publ. d'études bouddhologiques, n° 2-20, 1978-1982.

Hymne à la source des excellences, hos dbyings stod pa, paraphrase in D. S. Ruegg, *Le Dharmadhatustava de Nâgârjuna*, Études tibétaines dédiées à la mémoire de Marcelle Lalou, Adrien Maisonneuve, 1971.

Œuvres en anglais

Mahâyânavimçaka, 4 vol., Eastern Buddhist, 1927.

Mula-Madhyamaka-Karika (I-VII), Calcutta, 1957-1962.

A Translation of his Mulamadhyamakakarika, trad. Inada Kenneth K., The Hokuseido Press, 1970.

Ocean of Reasoning, Library of Tibetan Works an Archives, 1974.

The Precious Garland and the Song of the Four Mindfulnesses, trad. J. Hopkins, Harper and Row, 1975.

The Middle Way (I-VI, VIII-X, XIII, XV, XVIII, XIX, XXII-XXV), trad. M. Sprung, Routledge and Kegan, 1979.

Shunyatasaptatikarika, stong nyid bdun cu pa'i tshig le'ur byas pa, trad. C. Lindtner, Akademisk Forlag, 1982.

Yuktishashtikakarika, rigs pa drug cu pa'i tshig le'ur byas pa, trad. C. Lindtner, Akademisk Forlag, 1982.

Nâgârjuna's Seventy Stanzas, trad. D. R. Komito, Ithaca, Snow Lion Publ., 1987.

The Madhyamakasastram of Nâgârjuna, Raghunath Pandeya (Editor), vol. I et II, 1989.

Œuvres en allemand et italien

Walleser, *Die Mittlere Lehre des Nagarjuna, nach der tibetischen Version übertragen*, Heidelberg, 1991 (traduction accompagnée du commentaire, *Aucune peur de nulle part, Akutobhayà*).

— *Die Mitlere Lehre des Nagarjuna, nach der chinesischen Version übertragen*, Heildeberg, 1912 (traduction avec un commentaire de Tsing-mou).

Madhyamaka Karika. Le stanze del camino di mezzi, P. Boringhieri, Enciclopedia di autori classici, 1961.

Bibliographie générale

Alquié, F., *La Critique kantienne de la métaphysique*, PUF, 1968.

Ancelet-Hustache, J., *Maître Eckhart et la mystique rhénane*, Seuil, 1971.

Aristote, *La Métaphysique*, 2 vol., trad. J. Tricot, Vrin, 1964.

Bhattacharya, K., *The Dialectic Method of Nâgârjuna*, Motilal Banarsidass, 1978.

Boutot, A., *Heidegger*, PUF, 1989.

Breton, S., *La Pensée du Rien*, Pharos, 1992.

Bugault, G., *La Notion de « prajnâ » ou de sapience selon les perspectives du « mahâyâna », part de la connaissance et de l'inconnaissance dans l'analogie bouddhique*, Institut de civilisation indienne, 1982.

–, *L'Inde pense-t-elle ?*, PUF, 1994.

Chandrakirti, *Entrée au Milieu*, Dharma, 1988.

–, *Prasannapada Madhyamakavrtti*, trad. Jacques May, Adrien Maisonneuve, 1959.

Chenique, F., *Sagesse chrétienne et mystique orientale*, Dervy, 1996.

Conze, E., *Le Bouddhisme*, Payot, 1997.

Coomaraswamy, A. K., *Hindouisme et Bouddhisme*, Folio, 1995.

Demiéville, P., *Entretiens de Lin-Tsi*, Fayard, 1972.

–, *Le Concile de Lhasa, une controverse sur le quiétisme entre bouddhistes de l'Inde et de la Chine au VIIIe siècle de l'ère chrétienne*, Institut des hautes études chinoises, 1987 (réimpression).

Dôgen, *Shôbôgenzô Uji*, traduit du japonais par Eidô Shimano Roshi et Charles Vacher, Encre Marine, 1997.

Droit, R-P., *L'oubli de l'Inde*, PUF, 1989.

–, *Le Culte du néant : les philosophes et le Bouddha*, Le Seuil, 1997.

Eckhart, *Du détachement et autres textes*, trad. G. Jarczyk et P.-J. Labarrière, Albin Michel, 1994.

–, *Les Traités et le Poème*, Albin Michel, 1996.

–, *L'Étincelle de l'âme*, Sermons I à XXX, Albin Michel, 1998.

–, *Dieu au-delà de Dieu*, Sermons XXI à LX, Albin Michel, 1999.

–, *Et ce néant était Dieu...*, Sermons LXI à XL, Albin Michel, 2000.

Elders, L. J., *La Métaphysique de saint Thomas d'Aquin*, Vrin, 1994.

Enders, M., « Une nouvelle interprétation du Traité eckhartien Du détachement », USHS, *Revue des sciences religieuses*, janvier 1996.

Evola, J., *La Doctrine de l'Eveil, essai sur l'ascèse bouddhique*, Archè, 1976.

Fa-hai, *Le Soûtra de l'Estrade du Sixième Patriarche Houei-Neng*, Seuil, 1995.

Faure, B. (trad.), *Le Traité de Bodhidharma*, Le Mail, 1986.

— (trad.), *Dôgen, La vision immédiate. Nature, Eveil et Tradition selon le Shôbôgenzo*, Le Mail, 1987.

–, *Bouddhismes, philosophies et religions*, Flammarion, 1998.

Filliozat, J., *Les Philosophies de l'Inde*, PUF, 1995.

Gardeil, H.D., *Initiation à la philosophie de saint Thomas — IV. Métaphysique*, Cerf, 1952.

Garigou-Lagrange, R.P., *Le réalisme du principe de finalité*, DDB, 1932.

Gathier, E., *La Pensée hindoue*, Seuil, 1995.

Gilbert, P. *La Simplicité du Principe*, Culture et Vérité, 1994.

Gilson, E., *L'Etre et l'essence*, Vrin, 1987.

–, *Le Thomisme*, Vrin, 1989.

Gomang Khensur Rinpoché, *L'Idéalisme et l'école du Milieu*, Dharma, 1989.

Granet, M., *La Pensée chinoise*, Albin Michel, 1988.

Grenet, P.-B., *Ontologie, analyse spectrale de la réalité*, Beauchesne, 1963.

Grenier, J., *L'Esprit du Tao*, Flammarion, 1992.

Grousset, J., *Les Philosophies indiennes*, 2 vol., DDB, 1931.

Guénon, R., *Introduction générale à l'étude des doctrines hindoues*, Véga, 1983.

–, *L'Homme et son devenir selon le védânta*, Ed. Traditionnelles, 1981.

–, *Les Etats multiples de l'être*, Véga, 1983.

Guillon, E., *Les Philosophies bouddhistes*, PUF, 1995.

Hegel, G. W. F., *La Phénoménologie de l'esprit*, Aubier, 1939.

–, *Science de la logique*, 2 vol., Aubier, 1972.

–, *Philosophie de l'esprit*, Vrin, 1988.

Heidegger, M., *Être et Temps*, Gallimard, 1986.

–, *Questions I, II, III & IV*, Gallimard, 1990.

–, *Concepts fondamentaux*, Gallimard, 1985.

–, *Chemins qui ne mènent nulle part*, Gallimard, 1992.

–, *Acheminement vers la parole*, Gallimard, 1990.

Hermès, *Tch'an (Zen)*, Tournai, 1984.

–, *Le Vide*, Ed. Les deux Océans, 1989.

Hoover, T., *L'Expérience du Zen*, Albin Michel, 1989.

Houang, F., *Le Bouddhisme*, Fayard, 1963.

Houang-po, *Entretiens*, Les Deux Océans, 1993.

Houei-neng, *Discours et sermons*, Albin Michel, 1963.

Jambert, C., *La Logique des Orientaux*, Seuil, 1983.

Kalinowski, G., *L'Impossible métaphysique*, Beauchesne, 1981.

Kaltenmark, M., *Lao Tseu et le taoïsme*, Maîtres spirituels, 1965.

Kalupahana, David J., *Nâgârjuna : The Philosophy of the Middle Way*, State University of New York Press, 1986.

Kant, E., *Critique de la raison pure*, PUF, 1943.

–, *Prolégomènes à toute métaphysique future*, Vrin, 1974.

Khenpo Tsultrim Gyamtso, *Méditation sur la vacuité*, Ed. Dzambala, 1980.

Khentchen Kunzang Palden, *L'Ambroisie des paroles de Manjushrî*, et Minyak Kunzang Seunam, *Le Flambeau étincelant*, in *Comprendre la Vacuité, deux commentaires du chapitre IX de la Marche vers l'Eveil de Shântideva*, Ed. Padmakara, 1993.

Kolakowski, L., *Horreur métaphysique*, Payot, 1989.

Lacombe, O., *Approches négatives de l'Absolu dans la pensée indienne*, La Table Ronde, n° 182, 1963.

–, *Indianité, études historiques et comparatives sur la pensée indienne*, Les Belles Lettres, 1979.

Lamotte, E. (trad.), *Histoire du bouddhisme indien, des origines à l'ère Saka*, Louvain, 1967.

–, *Le Traité de la grande vertu de sagesse, (Mâhaprajnâpâramitâsâstra)*, Institut orientaliste de Louvain, t. IV, ch. XLII (suite)-XLVIII, 1979.

–, *L'Enseignement de Vimalakîrti (Vimalakîrtinirdesa)*, Institut orientaliste de Louvain, Bibliothèque du Muséon, 1962.

La Vallée Poussin, L. de., *Bodhicaryâvatâra*, Geuthner, 1907.

–, *L'Abhidharmakosâ de Vasubandhu*, Institut belge des hautes études chinoises, 1980.

–, *Documents d'Abhidharma : la controverse du temps*, Institut belge des hautes études chinoises,1990.

–, *Madhyamaka : I. Réflexions sur le Madhyamaka*, Institut belge des hautes études chinoises, 1990.

Maritain, J., *Sept Leçons sur l'être*, Téqui, 1932.

–, *Court traité de l'existence et de l'existant*, Hartman, 1947.

Mimaki, K., *La Réfutation bouddhique de la permanence des choses (Sthirasiddhidûsara) et La Preuve de la momentanéité des choses (Ksanabhangasiddhi)*, Institut de civilisation indienne, 1976.

Mohr, M., *Le Traité de l'inépuisable Lampe du Zen de Torei (1721-1792)*, 2 vol., Institut belge des hautes études chinoises, 1997.

Padhye, A.M., *The Framework of Nâgârjuna's Philosophy*, South Asia Books, 1988.

Percheron, M., *Le Bouddha et le bouddhisme*, Seuil, 1956.

Proclus, *Eléments de théologie*, Aubier, 1965.

Rahula, W., *L'Enseignement du Bouddha*, Seuil, 1978.

Renondeau, G., *Le Bouddhisme japonais*, Albin Michel, 1965.

Salem, M., *Quel Bouddhisme pour le Tibet ? Atisa (982-1054)*, Adrien Maisonneuve, 1986.

Schnetzler, J.-P., *La Méditation bouddhique*, Albin Michel, 1997.

Schweitzer, A., *Les Grands Penseurs de l'Inde*, Payot, 1979.

Sertillanges, A.D., *L'Idée de création et ses retentissements en philosophie*, Aubier, 1945.

Sève, B., *La Question philosophique de l'existence de Dieu*, PUF, 1994.

Shankara, *Viveka-Cûdâ-Mani*, Adrien Maisonneuve, 1946.

–, *Mundakopanisadbhaâsya*, Ed. orientales, 1978.

–, *Discours sur le bouddhisme*, Ed. Trédaniel, 1985.

Sieffert, R., *Les Religions du Japon*, PUF, 1968.

Silburn, L., *Aux sources du bouddhisme*, Fayard, 1997.

Susumu, Y., *Nâgârjuna's Mahâyânavimçaka*, Eastern Buddhist (Kyoto), vol. IV, 1927.

Suzuki, D. T., *Essais sur le bouddhisme zen*, 3 vol., Albin Michel, 1958.

–, *Introduction au bouddhisme zen*, Buchet/Chastel, 1996.

Taisen Deshimaru, *Le Trésor du Zen,* Albin Michel, 1994.

Thomas d'Aquin, *Summa Theologica*, Prima Pars, Ia — 33, 1., DDB, 1936.

–, *De Ente et Essentia*, Vrin, 1991.

Tsongkhapa, *Le Grand Livre de la progression vers l'éveil II*, Dharma, 1992.

Vallin, G., *Lumière du non-dualisme*, Presses universitaires de Nancy, 1987.

Van Steenberghen, F., *Le Thomisme*, PUF, 1992.

Vernaux, R., *Introduction générale à la logique*, Beauchesne, 1968.

Wei Wu Wei, *La Voie négative*, La Différence, 1978.

Wijayaratna, M., *La Philosophie du Bouddha*, Ed. de la Sagesse, 1995.

Wu, J., *L'Age d'Or du Zen*, Ed. Marchal, 1980.

Zenker, E. V., *Histoire de la philosophie chinoise*, Payot, 1932.

Zimmer, H., *Les Philosophies de l'Inde*, Payot, 1996.

Table

Deuxième partie
La continuité historique de la doctrine nâgârjunienne

Table 249

DU MÊME AUTEUR

René Guénon et le rite écossais rectifié, Les Éditions du Simorgh, 2007

Le Martinisme, Le Mercure Dauphinois, 2006

Boehme, Pardès, 2005

Rose-croix, Pardès, 2005

La Métaphysique de René Guénon, Le Mercure Dauphinois, 2004

Saint-Martin, Pardès, 2003

Maistre, Pardès, 2003

Dictionnaire de René Guénon, Le Mercure Dauphinois, 2002

EXTRAITS DU CATALOGUE

Composition Nord Compo
Impression CPI Bussière en janvier 2009
à Saint-Amand-Montrond (Cher)
Editions Albin Michel
22, rue Huyghens, 75014 Paris
www.albin-michel.fr
ISBN 978-2-226-18316-3
ISSN 0755-1835
N° d'édition : 25641. – N° d'impression : 084034/1.
Dépôt légal : février 2009.
Imprimé en France.